Über das Buch

Zahlen bestimmen unseren Alltag. Wir lesen die Uhrzeit, vergleichen Angebote im Supermarkt, kontrollieren das Wechselgeld an der Kasse usw.

Trotzdem scheint es schick zu sein, freimütig zu äußern: „In Mathe war ich immer schlecht!"

Wie oft habe ich diesen Satz gehört! Aber nie betraf er ein anderes Fach, obwohl in Deutsch und Fremdsprachen auch nicht jeder ein Musterschüler war. Was in einem Fall noch als Kavaliersdelikt aufgefasst wird, gilt im anderen schon als Blamage.

Zwanzig Episoden schildern Alltagssituationen, die das Gefühl für und den Umgang mit Zahlen behandeln. Damit aber haben die Protagonisten auf eine oft heitere Art ihre Probleme.

So wird in Nachworten der mathematische Hintergrund geklärt und im Anhang vertieft.

Nein – das Buch ist kein Aprilscherz, obwohl einige Begebenheiten darin das Zeug dazu hätten.

Hans-Werner Lücker am 1. April 2018

Über den Autor

Hans-Werner Lücker, geboren 1953, ist pensionierter Gymnasiallehrer mit den Fächern Mathematik, Physik und Informatik. Er widmet sich seit zehn Jahren dem Schreiben und dabei vor allem der Lyrik.

Sein Erstlingswerk „Gedanken stapeln, Worte pflegen, Sprüche klopfen" erschien im Dezember 2016, gefolgt von der Geschichtensammlung „Das Klassenbuch" im August und dem Lyrikband „Meine Lebensgedichte" im Dezember 2017.

Hans-Werner Lücker

„Mathe konnte ich noch nie!"

Episoden auf den Spuren eines vermeintlichen Kavaliersdeliktes

www.tredition.de

Ich freue mich über eine Rückmeldung auf meiner Facebook-Autorenseite:
www.facebook.com/hanswernerluecker

© 2018 Hans-Werner Lücker

Verlag: tredition GmbH, Hamburg
ISBN: 978-3-7469-2620-9 (Paperback)
        978-3-7469-2621-6 (Hardcover)
        978-3-7469-2622-3 (e-Book)

Umschlagsbild mit freundlicher Genehmigung von Casio Europe

Printed in Germany

INHALT

Statt eines Vorwortes:
Mut zur Lücke?

Ein paar Monate nach der Jahrtausendwende fühlte ich mich gezwungen den Zahnarzt zu wechseln.

Der mir bis dahin angestammte und vertraute Herr im weißen Kittel hatte mir zwar einige Backenzähne gezogen, zeigte sich aber hinsichtlich der Restauration meiner Zahnlandschaft wenig motiviert.

Auch fuhr er ständig in den Urlaub, obwohl er nur noch halbtags arbeitete.

Als ich endlich wieder einen Termin bekam und ihn fragte: „Was machen wir denn nun mit den leeren Stellen in meinem Unterkiefer?", überlegte er nicht lange.

„Haben Sie einfach Mut zur Lücke, Herr Lücker!", entgegnete er lapidar, lachte laut und meinte wohl noch, dass mir sein zweifelhafter Humor gefiele. Ich jedoch war bedient.

Eine Woche später weilte ich in der Beratungssprechstunde bei meinem neuen Zahnarzt. In einem supermodernen Behandlungsraum erklärte mir der schlanke und hochgewachsene Endfünfziger, dass er die Zahnlücken mit je einer Brücke links und rechts zu schließen gedenke.

„Das Abschleifen, den Abdruck und die Provisorien können wir in einer Zwei-Stunden-Sitzung erledigen." Ich schluckte kurz – empfand ich doch schon die fünf Minuten auf dem fast in die Horizontale gekippten Zahnarztstuhl als bedrohlich.

„Und weiter?" Ich bemühte mich, ruhig zu bleiben. „Dann haben Sie ein paar Wochen Ruhe, bis ich die vom Zahntechniker gelieferten Brücken einsetzen kann." Der Arzt sah mich erwartungsvoll an.

Mein Nicken musste ihm gereicht haben. Mit den Worten „Lassen Sie sich von der Dame an der Anmeldung einen Termin geben!" verabschiedete er sich von mir.

Erleichtert sprang ich von meinem Zwangsliegeplatz, ehe die Assistentin die Rückenlehne des Stuhles wieder senkrecht stellen konnte.

Mir ist ziemlich mulmig zumute, als ich auf den praxiseigenen Parkplatz einbiege. Selbst die lückenhaft abgestellten Autos wirken heute – zwei Zahnreihen gleichend – bedrohlich auf mich.

Die Gewissheit, über Stunden stillhalten zu müssen und dabei mehr liegend als sitzend dem Gott in Weiß und seinem assistierenden Erzengel ausgeliefert zu sein, treibt meinen Pulsschlag schon in schwindelerregende Höhen, ehe ich das Gebäude überhaupt betreten habe.

„Mund auf, Augen zu und durch!", beschwöre ich meine missliche Lage, als das Duo mit den Bauarbeiten beginnt.

Ob nun die Schweißtropfen auf meiner Stirn, das echte Interesse oder die pure Neugier des Baustellenleiters der Auslöser sind – jedenfalls startet dieser eine für mich unvergessliche Konversation.

„Was machen Sie eigentlich beruflich?" „Herer", entweicht es rachenlauthauchend meinem bis zum Anschlag geöffneten Mund.

Mein Gegenüber scheint mich verstanden zu haben. „Etwa am Gymnasium?" Ich nicke millimeterkurz auf die bohrende Frage.

„Und was sind Ihre Fächer?" „Hühick oang Hachehahick." „Soso – Physik und Mathematik." Der Chef blickt bedeutungsschwer zu seiner Assistentin, die sich mit dem Absauger in meinem Mund müht.

„Schwierige Fächer! Wie kommen Ihre Schüler damit zurecht?", fühlt er mir weiter auf den Zahn. Ich kann ihm bei bestem Willen mit meinem besetzten Mund keine verständliche Antwort geben – drum lasse ich es sein.

„Bitte mal gründlich ausspülen und ausspucken!" Während ich diese Zeit nutze, um den krampfnahen Kiefergelenken eine verdiente Pause zu gönnen, hebt der Mann hinter dem Mundschutz zum Geständnis an.

„Mit Physik habe ich mich erst an der Uni abgequält. Aber in Mathe war ich schon an der Schule immer schlecht."

Ehe ich etwas entgegnen kann, fährt er mit dem Abschleifen meiner geschundenen Brückenköpfe fort und fügt mit einem vielsagenden Augenzwinkern hinzu: „Und – hat es mir geschadet?"

Nur ein Zentimeter

Der bedeutende Schriftsteller Martin Walser lebt und wirkt in Überlingen. Anlässlich seines neunzigsten Geburtstages strahlte der SWR am 18. März 2017 die Dokumentation „Mein Diesseits" aus.

Der Literaturkritiker und Autor Denis Scheck unternimmt darin mit dem Jahrhundertschriftsteller Walser eine Lebensreise um den Bodensee.

In einer Szene stehen die beiden sinnierend am Kiesstrand des Sees und führen das folgende Gespräch, das ich mit Erlaubnis des SWR und der Protagonisten hier zitieren darf*.

Martin Walser:

*„Im ‚Springbrunnen'** kommen zwei Jungen – also der Johann und der Adolf. Die streiten immer wer Recht hat und so – ist immer so 'ne Konkurrenz.*

Und dann sagt der Adolf – natürlich um einmal wieder unwiderlegbar Recht zu haben: ‚Wenn der Seespiegel um einen Zentimeter sinkt, wie viel Kubikmeter Wasser fehlen dann dem See?'

Und bei mir steht: 45 Millionen Kubikmeter Wasser fehlen ihm durch einen Zentimeter. Und jetzt – erst dieses Jahr – hat einer irgendwoher geschrieben – der hat das Buch jetzt erst gelesen: Nicht 45 sondern 4,5. Da fehlt das Komma.

Und er hat ein PS unten an den Brief geschrieben. Das fand ich noch schöner. ‚Bei allem Respekt für Ihre Person und bei aller Bewunderung für Ihr literarisches Genie – sie sollten Ihre Augenbrauen stutzen lassen.'

Und warum – hat er geschrieben: ‚So sieht es nämlich verwildert, wirr und greisenhaft aus.' "

Denis Scheck *(lachend):*
„Was man sich von seinen Lesern alles sagen lassen muss!"

Martin Walser:
„Nein – ich habe gar nichts dagegen."

Denis Scheck:
„Aber Sie sehen nicht verwildert, wirr und greisenhaft aus – sondern imposant."

Martin Walser:
„Ja – nein – gut. Ich habe nicht die Absicht zu entsprechen. Aber es ist doch interessant, welchen Eindruck man macht. Das hätt' ich auch nicht erwartet. Verwildert – gut – kann noch sein, aber wirr? Greisenhaft auch, aber wirr nicht!"

* Titel: Mein Diesseits
Untertitel: Unterwegs mit Martin Walser und Denis Scheck
SWR Fernsehen
Sendung vom 18.03.2017
Autor: Frank Hertweck

** „Ein springender Brunnen", Roman von Martin Walser, 1998
Suhrkamp Verlag

Klärendes Nachwort

Nein – als wirr schätze ich Martin Walser nun wirklich nicht ein. Aber vielleicht verwirrt er mit seiner Episode die Leserinnen und Leser, weil er nicht auflöst, wie er und der Briefschreiber auf die unterschiedlichen Angaben gekommen sind. Irren sich vielleicht sogar beide?

Der Hauptteil des Bodensees – der Obersee – hat eine Fläche von A = 473 km². Das sind 473 Mio m² (1 km² = 1 km · 1 km = 1000 m · 1000 m = 1 Mio m²). Weil 1 cm = 0,01 m, ergibt sich für das Volumen V, das dem Bodensee nach Senkung des Wasserspiegels um h = 1 cm fehlt: V = A · h = 475 Mio m² · 0,01 m = 4,75 Mio m³.

Folglich ist Martin Walser oder seinem Lektor oder beiden in dem Buch „Ein springender Brunnen" tatsächlich ein Stellenfehler unterlaufen.

Dabei hat dieser Irrtum nicht den geringsten literarischen Schaden angerichtet, was seine erst jahrzehntespäte Entdeckung unterschreibt.

In anderen Fällen kann ein Fehler um den Faktor 10 bei einer Volumenangabe schon schwerwiegende Folgen haben – z.B. wenn es um die Medikamentendosis in Infusionen geht. Dabei sind „Abkömmlinge" der Einheit Liter besonders tückisch.

Ein ehemaliger Schulfreund, den ich über Jahrzehnte nicht gesehen hatte, lief mir kürzlich zufällig über den Weg.

„Hallo, wie geht 's?" Er blieb stehen und reichte mir die Hand. „Du schreibst ja ein Buch nach dem anderen. Was hast du als nächstes vor?"

Da er meine kurze Erläuterung des Titels „Mathe konnte ich noch nie!" nicht recht verstand, stellte ich ihm die Frage: „Wie viel Liter sind zum Beispiel zwei Zentiliter?"

Seine prompte Antwort war: „200 Liter – nein Quatsch – 0,2 Liter."

„Also ein Bierglas?", bohrte ich nach. „Nein – ‚2 cl' steht auf einem Schnapsglas." Mein Gegenüber versuchte sich zu konzentrieren.

„Aber 0,2 Liter Schnaps trinkst selbst du nicht. Das wären ja zehn Gläser zu je zwei Zentiliter." Die Erklärung hinterließ auf dem Gesicht meines Gesprächpartners ein verlegenes Lächeln, das mir aber keinen Durchblick signalisieren wollte.

Deshalb mühte ich mich weiter. „Zwei Zentiliter sind zwei Hundertstel Liter – also 0,02 Liter."

Mein Bekannter nickte noch kurz und suchte dann mit einem „Tschüss – mach 's gut!" eilig das Weite.

Mehrwertsteuer geschenkt!

Vor einigen Jahren war die Renovierung unseres Wohnzimmers angesagt. So strich ich die Decke, Wände und Türen, erneuerte die Dielen der Essecke und tauschte im Wohnbereich den alten, abgetretenen Teppichboden gegen ein Augen und Füßen wohltuendes Neuexemplar aus.

Auch das ehemals selbst entworfene Podest, das dem Fernseher Platz bot, musste dran glauben. Damit stand als nächste Anschaffung eine TV-Kommode aus Massivholz auf dem Programm.

Meine Frau und ich zogen durch die Einrichtungshäuser und verliebten uns beim ortsansässigen Möbelgeschäft in ein sogenanntes Lowboard. Das gute Stück aus massiver Kernbuche – geölt und gewachst – sollte 500 Euro kosten.

Da wir aber nie zu den vorschnell entschlossenen Käufern gezählt hatten, erbaten wir uns vom ebenfalls geölten und gewachsten Kundenberater noch Bedenkzeit.

Just am nächsten Sonntag flatterte mit dem wöchentlichen Anzeigeblatt ein Prospekt besagten Möbelhauses in unseren Briefkasten.

„19 % Mehrwertsteuer geschenkt!", prangte es in rotaufdringlichen Lettern auf der Titelseite.

Also machten wir uns gleich montags auf den Weg, um das Lowboard – samt Rabattaktion – an Land zu ziehen. Der Verkäufer erinnerte sich noch an uns.

„Die Lieferzeit beträgt zirka vier Wochen", meinte er wichtig auf dem Weg zu seinem Schreibtisch. Dort setzte er sich gleich hinter den Computer, um die Rechnung auszustellen.

„Wollen Sie direkt den Gesamtbetrag zahlen oder eine Anzahlung leisten?" „Wenn Sie EC-Karte akzeptieren, begleiche ich gerne alles." Der Verkäufer nickte zustimmend.

Während er sich nach Namen und Lieferadresse erkundigte und die Angaben zeigefingerunterstützt in die Computertastatur tippte, überschlug ich im Kopf den Rechnungsbetrag.

„Wie viele Ihrer Kunden würden jetzt fälschlicherweise einen Rabatt von 95 Euro erwarten?"

Mein Gegenüber stutze kurz, blickte von seinem Monitor auf und entgegnete: „Eigentlich nur die, die noch einigermaßen die Prozentrechnung beherrschen. Der Rest verlässt sich auf mich."

„Und wie erklären Sie den ersteren dann den richtigen Zahlenwert?"

Jetzt nahm sich der Herr hinterm Schreibtisch länger Zeit, bevor er – mehr irritiert als verstehend – verlauten ließ: „Ich erkläre nicht. Ich habe doch meinen elektronischen Freund hier."

Er griff nach dem Blatt Papier, das der Drucker gerade ausgespuckt hatte, setzte seine Unterschrift darunter und reichte es mir mit einem Lächeln. „Gehen Sie damit bitte zur Kasse. Auf Wiedersehen und vielen Dank!"

Ich blickte kurz auf die Rechnung, las „Position um Aktionsnachlass gemindert: 420,17 €" und nickte zufrieden. „Auf Wiedersehen!"

Klärendes Nachwort

Die Krux bei der Ermittlung des richtigen Betrages liegt in dem Unterschied zwischen Vorwärts- und Rückwärtsrechnen von Netto zu Brutto und umgekehrt.

Auf den ausgewiesenen Nettobetrag lässt sich einfach die Mehrwertsteuer von 19 % schlagen:
420,17 € + 0,19 · 420,17 € = 420,17 € + 79,83 € = 500 €.

Folglich haben wir bei unserem Lowboard die ursprüngliche Mehrwertsteuer tatsächlich eingespart.

Aber wie kommt man vom Bruttobetrag 500 € rückwärts auf den Nettowert 420,17 €? Sicher nicht, wenn man 0,19 · 500 € = 95 € von 500 € subtrahiert, was 405 € ergibt.

Dann hätte das gute Möbelstück ohne Werbeaktion (also zuzüglich Mehrwertsteuer) nämlich nur 405 € + 0,19 · 405 € = 405 € + 76,95 € = 481,95 € kosten dürfen.

Man muss sich vergegenwärtigen, dass der Bruttopreis 500 € ja 119% des gesuchten Nettopreises N sind. Aus N · 1,19 = 500 € folgt rückwärts, dass N = 500 € : 1,19 = 420,17 € ergibt.

Wem das nun alles zu schwierig erscheint, verlasse sich auf das Computerprogramm des Verkäufers oder schaue mal zur Prozentrechnung im Anhang auf Seite 101 nach.

Es bleibt noch zu bemerken, dass die Aktion des Möbelhauses schlicht einem Rabatt von 15,97 % ent-

spricht und dass im ausgewiesenen Rechnungsbetrag 420,17 € natürlich die gesetzlich vorgeschrie-
bene Mehrwertsteuer von 67,10 € enthalten ist, die
das Unternehmen an das Finanzamt abführen muss.

Der geneigte und kundige Leser möge dies – mit
einem Taschenrechner bewaffnet – selbst überprü-
fen.

Die Kugel fällt schon mal weg!

In der RTL-Sendung „Wer wird Millionär?" mit dem Moderator Günther Jauch werden immer wieder auch Fragen aus dem Bereich der Mathematik gestellt.

Dabei fällt auf, dass schon bei geringem Schwierigkeitsgrad die zugehörige Gewinnsumme relativ groß ist.

Vielleicht überschätze ich aber auch das mathematische Wissen des Durchschnittsdeutschen, wenn mir die Frage „Wie viele Nullen hat eine Milliarde?" zu einfach für einen Eurobetrag im mittleren Bereich erscheint.

Den folgenden Beispielen aus der Sendung ist gemeinsam, dass die Kandidaten – und nicht nur diese – komplett versagten.

Die Episoden werden einzeln geschildert und im jeweils anschließenden Nachwort aufgeklärt.

Episode 1

Welcher Körper hat relativ zum Volumen die kleinste Oberfläche?	
A Kugel	B Zylinder
C Würfel	D Pyramide

Nachdem Herr Jauch die Frage vorgelesen hatte, entschied der wohlbeleibte Kandidat mittleren Alters ohne Zögern: „Die Kugel fällt schon mal weg!"

Dann ging er dazu über, sich die restlichen Körper gleich einem Bastelbogen in ihrer Oberfläche ausgebreitet vorzustellen und tippte auf die Pyramide als Lösung.

„Aber ich bin mir nicht ganz sicher!", räumte er ein. „Dafür habe ich einen Telefonjoker – der hat ein Einser-Abitur in Mathe und Physik. Den rufen wir an."

Gesagt – getan. Nach dem Verlesen der Frage und ihrer Antwortmöglichkeiten überlegte der vermeintliche Fachmann am anderen Ende der Leitung nur kurz, bevor er – sehr selbstsicher und überzeugend klingend – erklärte: „Die Pyramide!"

Der Kandidat rieb sich die Oberschenkel und nickte siegesbewusst. „Also nehmen wir D – die Pyramide!" Damit hatte er verloren.

Klärendes Nachwort

Es lernt nicht unbedingt jeder im schulischen Mathematikunterricht, dass bei gegebenem Volumen die Kugel den Körper mit der kleinsten Oberfläche und damit die richtige Antwort auf die Quizfrage darstellt.

Aber es gibt genügend viele anschauliche Argumente für diesen Sachverhalt, den der Kandidat sofort als mögliche Lösung ausgeschlossen hatte.

So sind z.B. Teekannen vorzugsweise kugelförmig, damit ihr Inhalt über die relativ kleine Oberfläche möglichst langsam abkühlt. Bei vielen Kakteenarten verhält es sich ähnlich. Ihr wasserspeichernder Pflanzenkörper schützt sich so gegen Verdunstung.

Man kann aber auch rein idealistische Gründe heranziehen. Als vollendeter Körper höchster Symmetrie ist die Kugel in jeder Hinsicht ein Optimum. Der technisch kundige Leser wird gleich das reibungsarme Kugellager als Beispiel anführen.

Will man der Sichtweise des Kandidaten folgen und sich die Oberfläche der genannten Körper ausgeklappt vorstellen, so landet man bei einer Kernfrage der Verpackungsindustrie: Wie lässt sich bei vorgegebenem Volumen möglichst viel Material einsparen?

Dass dabei die Pyramide, für die sich Kandidat und Telefonjoker entschieden, als Sparmodell nicht in Frage kommt, zeigt die Fülle an zylindrischen Dosenverpackungen.

Auch in würfelförmigen Gefäßen werden Farben, Suppen und Würstchen wohl kaum abgefüllt.

Könnte man der Kugel einen geeigneten Deckel verpassen und sie besser hinstellen und stapeln, wäre sie hinsichtlich des Materialverbrauches die ideale Verpackung.

Eine genauere mathematische Betrachtung, zu der in der Sendung dem Kandidaten – selbst wenn er dazu fähig gewesen wäre – keine Zeit blieb, findet man im Anhang auf Seite 103 dieses Buches. Hier sollen nur die Ergebnisse für die Oberfläche O bei einem Volumen von 1000 cm^3 aufgeführt werden:

O_{Kugel} = 484 cm^2 $O_{Zylinder}$ = 554 cm^2
$O_{Würfel}$ = 600 cm^2 $O_{Pyramide}$ = 660 cm^2

> **Wie viele Meter legt man in 3 Sekunden zurück, wenn man mit 120 km/h fährt?**

Den genauen Wortlaut der Frage und die vorgegebenen Antwortmöglichkeiten habe ich mir nicht notiert.

Ich war mit der Lösung der Aufgabe beschäftigt und erstaunt, dass der Kandidat – oder war es eine Kandidatin? – nicht im Ansatz eine Ahnung hatte.

Der Gesichtsausdruck des Quizmasters Jauch ließ auch nicht gerade auf dessen rechten Durchblick schließen. Dabei fahren wir doch alle tagtäglich mit dem Auto durch die Gegend.

So lag es an dem jungen Mann, den der Kandidat als Joker aus dem Publikum wählte, die richtige Antwort auf eine anschauliche und alltagstaugliche Art zu präsentieren.

Klärendes Nachwort

100 Meter ist die Länge der gesuchten Strecke, die man mit einer Geschwindigkeit von 120 km/h in 3 Sekunden zurücklegt.

Da ich mich nicht mehr an die anderen und damit falschen Antworten erinnern kann, lässt sich das mit purer Anschauung erfolgreiche Ausschlussprinzip hier nicht demonstrieren.

So möge der Leser dem Kopfrechenweg des jungen Mannes aus dem Publikum folgen:

Die Geschwindigkeit 120 km/h entspricht (weil eine Stunde = 60 Minuten) 2 km/min oder 2000 m/min. In 3 Sekunden – dem 20. Teil einer Minute – legt man dann 2000 m : 20 = 100 m zurück.

Dieses Ergebnis sollte denjenigen höchst anschaulich erscheinen, die sich an die kleinen blauen Streckenschilder erinnern, die man während einer Autobahnfahrt alle 500 Meter am Straßenrand entdecken kann.

Sie fliegen im 15-Sekunden-Takt an uns vorbei, wenn wir mit 120 km/h unterwegs sind.

Wer an weiteren Tipps im Umgang mit Geschwindigkeiten, Strecken und Zeiten interessiert ist, schaue dazu auf Seite 105 im Anhang nach.

Episode 3

> **Ein Kreis mit einem Umfang von 3141,6 Metern hat einen Durchmesser von ziemlich genau ...**
> A 100 Metern   B einem Kilometer
> C zehn Kilometern   D 100 Kilometern

Bei dieser 64000 €-Frage passte die bis dahin pfiffig agierende junge Frau.

„Ich weiß aus der Schule nur noch, dass dies etwas mit der Zahl Pi zu tun hat. Deshalb nehme ich einen Joker – den einen aus dem Publikum."

Was sich danach der Moderator leistete, wird in meinem Kommentar angedeutet, den ich ihm einen Tag später via Facebook zukommen ließ:

Als der Quizmaster von der Kandidatin erfuhr, dass sie zwei Mathematiklehrer unter ihren Telefonjokern hätte, ließ er nicht locker, bis die junge Frau schließlich widerwillig nachgab und den jüngeren der beiden Pädagogen anrufen ließ.

Nicht dass Herr Jauch dabei die Absicht zu helfen gehabt hätte – im Gegenteil – er äußerte unverhohlen seine Vorfreude auf ein mögliches Versagen des Mathematiklehrers.

Und genau so kam es. Das Vorlesen der Frage und aller vier – auch der unsinnigen – Antwortmöglichkeiten dauerte so lange und klang so verwirrend für den Mann am anderen Ende der Leitung, dass dieser in den Restsekunden kein Ergebnis mehr hervorbrachte.

Das hämische Kommentarstakkato seitens Jauch möchte ich den Leserinnen und Lesern ersparen.

Bei der anschließenden Befragung des Jokers aus dem Publikum – der halbe Saal hatte sich durch Aufstehen dazu angeboten – erklärte der gesunde Menschenverstand eines älteren Herren die richtige Lösung.

Die Kandidatin freute sich über den erreichten Geldbetrag, obwohl ihr ein Joker von Günther Jauch gestohlen worden war.

Doch der wollte seine unverkennbare Antipathie gegenüber Mathematiklehrern noch auf die Spitze treiben. Er ließ, ohne dass dies einen sittlichen Nährwert für die Fragerunde gehabt hätte, den zweiten Telefonjoker anrufen.

Aber der ältere und erfahrene Pädagoge stahl mit seiner Gelassenheit dem Moderator die Show.

Nach seinen Bemerkungen „Mathematiker können nicht rechnen" und „Haben Sie einen Taschenrechner?" präsentierte er ohne Zögern die richtige Antwort.

Klärendes Nachwort

Die richtige Antwort auf die Frage nach dem Durchmesser d eines Kreises vom Umfang 3141,6 Meter ist d = 1 Kilometer.

Bei den gegebenen Auswahlmöglichkeiten genügen zur Lösung reine Anschauung und ein gesundes Zahlenverständnis, was der Joker aus dem Publikum eindrucksvoll demonstrierte.

Die Möglichkeiten 10 Kilometer und 100 Kilometer scheiden sofort aus, weil der Durchmesser eines Kreises nicht größer sein kann als sein Umfang.

Dass der Wert 100 Meter deutlich zu klein ist, lässt sich an kreisförmigen Alltagsgegenständen wie z.B. Kochtopf oder Bierdeckel per Augenmaß veranschaulichen. Ihr Umfang ist drei- bis viermal größer als der Durchmesser.

Dies würde für d = 100 Meter einen Wert im Bereich von 300 bis 400 Metern statt gut 3000 Metern ergeben. Folglich muss 1 Kilometer die Lösung sein.

Die direkte Berechnung ist im Anhang auf Seite 106 nachzulesen.

Von der Rolle

Unter der Rubrik „Leben" konnte man in der Rhein-Zeitung vom 18. September 2017 den folgenden Artikel lesen:

*„**Wie viel Tapete benötigt ein Raum?***
***Tipp.** Eine standardisierte Tapete ist 0,53 Meter breit und 10,05 Meter lang. Sie reicht für 5 Quadratmeter Fläche, wie das Deutsche Tapeten-Institut erläutert. Die für einen Raum benötigte Rollenzahl lässt sich folgendermaßen berechnen: Die Breite aller Wände, der sogenannte Raumumfang, wird mit der Raumhöhe multipliziert. Dann muss man das Ergebnis durch die Zahl fünf teilen."*

Während des Lesens konnte ich mir eine gewisse Belustigung nicht verkneifen.

Scheinbar bedarf es schon der Erläuterung durch ein Institut, um die Fläche zu berechnen, die eine Tapetenrolle abdeckt.

Dass mit den nächsten Zeilen die Ermittlung der Wandflächen – samt(!) Fenstern, Türen und Heizungsnischen – beschrieben wird, verschweigt der Artikel dem unkundigen Leser.

Bleibt zu hoffen, dass dieser die angegebenen Längen auch in der Einheit Meter misst.

Würde er stattdessen Zentimeter wählen, erhielte er – nach der auch nicht weiter erklärten Division durch fünf – eine Zahl an Tapetenrollen, mit denen sich problemlos der Kölner Dom innen und außen tapezieren ließe.

Klärendes Nachwort

Für mich sind die Tipps ebenso stümperhaft formuliert, wie sie mir überflüssig erscheinen.

Ich vertraue darauf, dass die mathematischen Fähigkeiten des Durchschnittsbürgers über eine ausreichende Alltagstauglichkeit verfügen, um den Tapetenbedarf selbst zu berechnen.

Vor allem wird er dann gegenüber den Angaben des Deutschen Tapeten-Instituts noch Material einsparen können. Dies soll an folgendem Beispiel aufgezeigt werden. (Die ausführliche Rechnung dazu ist im Anhang auf Seite 107 nachzulesen.)

Unser Wohnzimmer verfügt über zwei Raumtüren, zwei Fenster, eine Terrassentür und zwei Heizkörpernischen, die das Institut anscheinend allesamt als auch tapezierwürdig erachtet.

Folgt man seinem Rechenweg, dann erhält man 12,2 – also 13 Rollen.

Außerdem wird dabei der exakte Wert 5,3265 m² für die Fläche einer Tapetenrolle unterschlagen, was immerhin 6,5 Prozent mehr als die auf 5 m² abgerundete Angabe im Zeitungsbericht ist.

Die in beiderlei Hinsicht bereinigte Rechnung ergibt dann 9,4 – also 10 Rollen.

Somit würde man 30 Prozent zuviel an Tapeten kaufen und bezahlen, folgte man blindlings dem vermeintlichen Rat des Deutschen Tapeten-Institutes.

„Pizza Wundaba"

Zumindest jeder Rheinländer kennt die Kölner Musikgruppe „Höhner" und sicher auch ihren Hit „Pizza Wundaba" aus dem Jahre 1987.

Ja – eine Pizza kann schon wunderbar schmecken. Und so ist es kein Wunder, dass Pizzerien – vor allem jene, die ausschließlich einen Lieferservice bieten – wie Pilze aus dem Boden schießen. Aber auch wieder verschwinden.

Neben der Qualität und dem Service spielt die Preisgestaltung eine entscheidende Rolle für ein gutgehendes Geschäft aus der Sicht der Betreiber.

Dass dies auch grundlegende mathematische Kenntnisse erfordert, soll die folgende kurze Episode aufzeigen.

Ich weilte nach dem wöchentlichen Freitagssport mit Kollegen in einer Pizzeria und studierte die Speisekarte.

Es gab alle Pizzasorten mit drei verschiedenen Durchmessern: klein (33 cm), mittel (35 cm) und groß (38 cm). Wir bestellten Getränke und Speisen und pflegten entspannt unsere Wochenendunterhaltung.

„Kann ich mal dein Handy haben?", fragte ich meinen rechten Tischnachbarn. „Warum?" „Ich brauche einen Taschenrechner." „Wozu?" „Ich will mal die Preise der verschiedenen Pizzagrößen checken."

Mit einem Kopfschütteln kam er meinen Wunsch nach. Ich griff zur Speisekarte und nahm mir die

Preise für die Pizza Margherita vor: klein (5,50 €), mittel (6,50 €) und groß (7,00 €).

Dann tippte ich schnell und fleißig in das Handy, bevor ich es meinem Kollegen zurückgab. „Die können hier einigermaßen geradeaus rechnen."

Das Essen kam und wir vergaßen meine Preisuntersuchung. Der restliche Abend verlief recht unterhaltsam und klang wohltuend ruhig aus.

Zu Hause warf ich noch meinen Laptop an, um Emails zu checken. Da fiel mir meine Rechnerei vom Abend ein und ich fragte Google nach den Stichworten „Pizza Margherita" und „Speisekarte".

Ich fand ein bemerkenswertes Beispiel, dessen Durchmesser-Preis-Beziehung den Ruin des Betreibers fast unausweichlich erscheinen ließ:
26 cm (3,70 €), 30 cm (4,30 €) und 43 cm (8,00 €).

Aber wer mag schon beim Verspeisen einer „Pizza Wundaba" an so etwas denken?

Klärendes Nachwort

Die Größe einer Pizza alleine durch die Angabe des Durchmessers zu beschreiben ist eine zweifelhafte Angelegenheit. Schließlich isst man sie ja nicht eindimensional.

So kann man leicht der Vorstellung unterliegen, dass z.B. ein doppelter Durchmesser auch die doppelte Menge – samt zugehörigem Preisaufschlag – bedeuten muss.

Weil aber der Flächeninhalt eines Kreises quadratisch mit dem Durchmesser zunimmt, wäre in dem genannten Beispiel die Pizza viermal so groß und deshalb auch viermal so teuer zu erwarten.

Für die konkreten Speisekarten aus der Episode müsste sich demnach die folgende Preisgestaltung ergeben.

Im Lokal:
5,50 € ;   6,19 € statt 6,50 €;   7,29 € statt 7,00 €

In Google:
3,70 € ;   4,93 € statt 4,30 €;   10,12 € statt 8,00 €

Folglich macht der im Internet entdeckte Pizzabäcker bei den größeren Portionen deutliche Verluste.
    Die ausführliche Rechnung dazu ist im Anhang auf Seite 108 zu finden. Dort steht auch die Lösung der folgenden Denksportaufgabe:

In welcher Abbildung ist die gemusterte Fläche am größten?

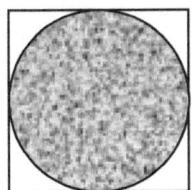 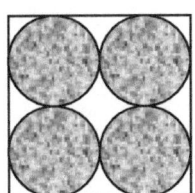 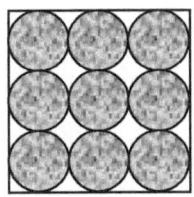

Es bleibt noch zu bemerken, dass nur bei der Pizza Margherita mit ihrem einfachen Belag die vorgenommene Berechnung schlüssig ist.
    Für andere Kreationen, deren Zutaten kostenintensiver sind, ist die Kalkulation des Endpreises komplexer.

Am Puls der Zeit

Irgendwann zu Beginn des neuen Jahrtausends hielt mein Körper die Zeit an. Alles, was ich aß, verweigerte mir den bis dahin vertrauten Rhythmus seiner Entleerung auf dem naturgegebenen Weg.

Kurz gesagt – ich hätte mir das Sitzen auf der Klobrille auch sparen können.

Ich gönnte meiner irritierten Verdauung einige Tage Bedenkzeit, bevor ich mir diverse Hilfsmittelchen von oben und unten einflösste. Umsonst. Und damit ist nicht der Preis für Tropfen, Zäpfchen und Klistier gemeint.

Als ich schließlich nach einer Woche den Internisten aufsuchte und meinen Bericht der Erfolglosigkeit abgab, meinte dieser: „Das ist nun aber allerhöchste Zeit!". Er machte mir – gewollt oder ungewollt – Angst.

Es folgten Abtasten und Ultraschalluntersuchung. Und immer dieses Stirnrunzeln. „Wir werden noch eine Rektoskopie machen."

Die pulsbeschleunigende Begegnung des Metallrohres mit meinem jungfräulichen Enddarm hinterließ einen immer noch ratlosen Arzt. „Ich muss Sie zur Abklärung ins Krankenhaus überweisen!"

Dazu hatte ich überhaupt keine Lust und eigentlich nicht die geringste Zeit. Aber die Ungewissheit nährte meine Vernunft und vor allem meine Angst.

So fand ich mich noch am Nachmittag desselben Tages im Bett eines Einzelzimmers der städtischen Klinik wieder.

Eine ältere Krankenschwester – so lautete in dieser Zeit noch die Berufsbezeichnung – entnahm mir Blut und maß den Blutdruck. Sie war in Begleitung einer jungen Schwesternschülerin, die offensichtlich angelernt werden sollte.

„So – und du misst jetzt bitte dem Herrn den Puls." Die Angesprochene zögerte. Sie schien aufgeregt zu sein. Ich streckte ihr meinen rechten Unterarm entgegen und schaute so freundlich, wie ich es – trotz meiner misslichen Lage – nur konnte.

Ihre erfahrene Kollegin war zur Seite getreten und stemmte die zu Fäusten geballten Hände in die Hüften. „Geduld sieht anders aus", dachte ich mir.

Die Schülerin setzte sich vor mich auf einen Stuhl und suchte mit ihrem Daumen auf der Innenseite meines Handgelenkes nach der richtigen Stelle.

„Zeige- und Mittelfinger nehmen!", mischte sich die Krankenschwester ein. „Und dann vor allem nicht direkt auf dem Gelenk!" Das Mädchen tat mir leid.

Ich schob meine Hand so weit unter ihre zitternden Fingerspitzen, dass diese meinen Puls nicht mehr verfehlen konnten.

Sie hatte offensichtlich zu zählen begonnen. Ihre Lippen bewegten sich, während sie angestrengt auf die Uhr an der Wand blickte.

Als sie schließlich meinen Arm losließ, trat das Rechenzentrum hinter ihrer Stirn in Aktion – deutlich länger, als ich es erwartet hatte.

„Und?" Die Schwester am Fußende meines Bettes klang mehr als ungeduldig. DAS hatte ich erwartet.

„Fünfunddreißig", flüsterte die Stimme vor mir mit einer Intonation, die das Fragezeichen gleich mitlieferte.

Ich konnte nicht anders – ich musste lachen. „Dann sollte man mich schnellsten auf die Intensivstation verlegen!"

Der Vollständigkeit halber sei noch erwähnt, dass ich am nächsten Tag gesund und gutgelaunt das Krankenhaus verlassen konnte.

Die Ultraschalluntersuchung eines jungen Assistenzarztes, ein oral verabreichtes Abführmittel und die recht grobe zäpfchenrektale Zuwendung besagter Krankenschwester hatten – im wahrsten Sinne des Wortes – die Angelegenheit bereinigt.

Klärendes Nachwort

Wie kann die Schwesternschülerin auf die Zahl 35 gekommen sein, wenn sie die übliche Methode, Pulsschläge fünfzehn Sekunden lang zu zählen und den Wert mit vier zu multiplizieren, angewendet hat?

Geht man davon aus, dass die junge Frau die Uhr kannte und zählen konnte, dann muss es an der Berechnung selbst gelegen haben. Hat sie überhaupt gerechnet?

Vielleicht hat sie Schläge und Zeit addiert, was mit 20 + 15 = 35 ihr Ergebnis erklären könnte. Dann hätte sie die Methode der Pulsbestimmung wirklich nicht verstanden.

Es ist auch möglich, dass sie in ihrer Not einfach nur eine Zahl nannte. Dies wäre aber auch nicht weniger bedenklich, weil die Angabe „35" nicht gerade

von einer klaren Vorstellung eines normalen Puls-
schlages zeugt.

Nullen in Radio und TV

Im SWR3-Radio wurde im August 2017 an die Zuhörer die Frage gestellt, ob eine sich vergrößernde Weltbevölkerung auch die Erde stärker erwärmt.

Dabei ging es nicht etwa z.B. um die Folgen einer höheren CO_2-Emission, sondern um die pure Anwesenheit von immer mehr Menschen.

Wiederholt war von heute 7 Millionen gegenüber früheren 3 Millionen Erdbewohnern die Rede. Ich fragte das kleine weiße Küchenradio: „Wieso Millionen?"

Der Moderator blieb eisern. So stellte er ein Mehr von 4 Millionen elektrischen Heizöfen als eine mögliche Ursache für eine zunehmende Erderwärmung in Aussicht. Genauso gut hätte er auch die Körpertemperatur der Menschen als Grund anführen können.

Nach einem Musikbeitrag wurde von einem Wissenschaftler mit Hilfe des Energieerhaltungssatzes aus der Physik die Frage beantwortet. Nein – die Erde erwärmt sich nicht unter den geschilderten Bedingungen.

Nur blieben die fehlenden Nullen in den Zahlenangaben unerwähnt.

Ein ähnliches Missgeschick konnte ich einige Zeit später im Fernsehen verfolgen.

Die Spätausgabe der ARD-Tagesschau präsentierte in der Silvesternacht 2017/2018 um 1.20 Uhr einen bebrillten Nachrichtensprecher vorgerückten Alters, den ich bis dahin noch nie gesehen hatte.

„Der muss nun wohl um diese Uhrzeit herhalten, während seine prominenten Kolleginnen und Kollegen Champagner süffeln", dachte ich mir, lauschte seiner irgendwie gequält klingenden Stimme und betrachtete die Bilder vom Silvesterfeuerwerk am Brandenburger Tor.

Obwohl es ja schon spät war, stutzte ich bei den genannten Zahlenangaben. Nur zehntausend Leute auf der Partymeile? Bei diesem milden Wetter? Oder dann doch hunderttausend?

Da ich den Wortlaut der verlesenen Meldung nicht eins zu eins zitieren kann, sei hier der zugehörige Text auf tagesschau.de* wiedergegeben, der bis heute – da ich diese Zeilen schreibe – nicht berichtigt worden ist:

„Silvester am Brandenburger Tor
***Zehntausende** begrüßen das neue Jahr*
Mit einem riesigen Feuerwerk haben am Brandenburger Tor in Berlin zahlreiche Menschen das neue Jahr begrüßt. Andernorts war 2018 schon früher Realität: In Sydney erstrahlte ein Feuerwerk in Regenbogenfarben - als Symbol für Gleichberechtigung.
Weltweit feiern die Menschen den Jahreswechsel. Auf der Berliner Silvester-Partymeile am Brandenburger Tor herrschte bei sehr milden Temperaturen großer Andrang.
*Alle Zugänge zur Festmeile wurden etwa eine Dreiviertelstunde vor Mitternacht komplett geschlossen, wie die Berliner Polizei mitteilte. Laut Veranstalter kamen **mehrere Hunderttausend** Menschen ...“*

* https://www.tagesschau.de/inland/silvester-weltweit-113. html
(am 30.1.2018)

Klärendes Nachwort

Natürlich kann man sich einen Versprecher leisten. Auch mehrmals. Aber Zahlenangaben sind nicht nur bloße Worte, sondern haben meist einen unmittelbaren Bezug zur Realität.

So sollten dem SWR3-Moderator die drei fehlenden Nullen zur Milliarde im Halse stecken bleiben, wenn er die gut 80 Millionen Einwohner allein in Deutschland auf seinem Zahlenschirm hat.

Vom Nachrichtensprecher in der Tagesschau hätte ich mir zumindest ein Räuspern gewünscht, als er innerhalb von ein paar Sekunden zwei unterschiedliche Angaben der Besucherzahl auf der Berliner Silvesterpartymeile verlas. Zahlen mögen ein Mitdenken.

Zur Vollständigkeit sei erwähnt, dass zirka 7,5 Milliarden (7 500 000 000) Menschen die Erde bevölkern und Hunderttausende (100 000) in Berlin das neue Jahr 2018 feierten.

Literarischer Schwimmunterricht

Während eines Ferienaufenthaltes am Meer las ich den internationalen Bestseller „Das Café am Rande der Welt" von John Strelecky.

Ich nahm das relativ dünne Taschenbuch mit an den Strand und widmete mich vor der herrlichen Sonnen-, Wellen- und Möwenkulisse der „Erzählung über den Sinn des Lebens" – wie der Untertitel bedeutungsvoll ankündigte.

Nach dem ersten Viertel der 127 Seiten hatte ich eigentlich genug – wiederholte sich in meinen Augen der Autor doch in seinen Aussagen. Aber ich hielt durch – schließlich war ich im Urlaub und hatte alle Zeit der Welt.

In Kapitel 6 erfuhr ich von der Begegnung der Protagonistin des Buches – die Kellnerin Casey – mit einer grünen Meeresschildkröte.

Die Quintessenz der Geschichte, die Strelecky gleichnishaft als ultimativen Lebensratschlag stilisiert, liegt im Schwimmverhalten der Schildkröte.

Wenn die Wellen in Richtung Strand auf sie zurollen, schont sie sich, um dann bei vollem Krafteinsatz mit den zurücklaufenden Wogen weit auf das offene Meer zu gelangen.

Ich stutzte und las die betreffenden Seiten ein zweites Mal. Dann klappte ich das Buch zu, betrachtete das Hin und Her der Wellen vor meinen Füßen und griff zu meinem Notizbuch.

Eigentlich dient dieses für das Aufschreiben meiner lyrischen Ideen. Aber jetzt musste es für ein paar Rechnungen herhalten.

So schön sich John Strelecky die Geschichte der grünen Meeresschildkröte als Metapher auch erdacht hat, so falsch ist sie in ihrer Aussage, was die physikalisch-mathematische Realität betrifft.

Klärendes Nachwort

In der Physik lehrt und lernt man das sogenannte Überlagerungs – oder Unabhängigkeitsprinzip.

Es besagt, dass sich Teilbewegungen ungestört und unabhängig voneinander überlagern.

Man kann dies auf einer Rolltreppe im Kaufhaus, auf dem Laufband im Fitnessstudio oder bei einer Rheinschifffahrt stromauf- und abwärts leibhaftig erfahren.

Geschwindigkeiten gleichgerichteter Bewegungen addieren sich, während im entgegengerichteten Fall subtrahiert wird – was z. B. zum Treten auf der Stelle führt, wenn man sich auf einem Laufband so schnell bewegt, wie es einem entgegenkommt.

Für den Fall, dass die Einzelbewegungen unter einem Winkel zueinander erfolgen, sei auf das Beispiel einer Flussfähre im Anhang (Seite 109) hingewiesen.

Zurück zur Meeresschildkröte. In den folgenden Beispielen wird angenommen, dass sich die Wellen jeweils 10 Sekunden lang mit 1 m/s im Wechsel auf den Strand zu- bzw. von ihm wegbewegen und die Kraft der Schildkröte ausreicht, sich im stehenden

Gewässer mit 2 m/s vorwärts zu bewegen. Will sie sich erholen, schwimmt sie mit nur 1 m/s.

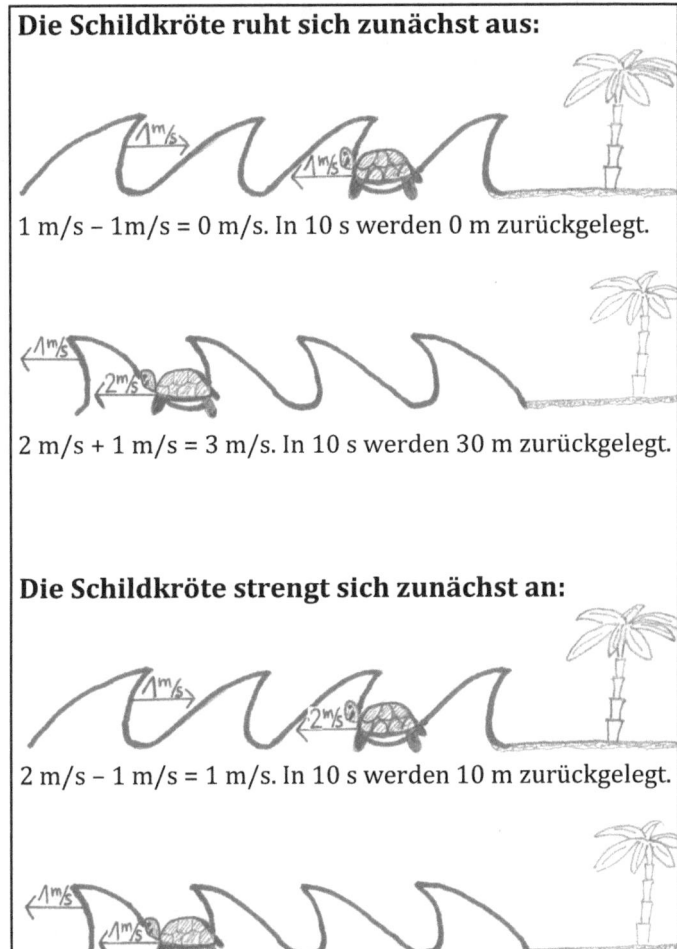

Die Schildkröte ruht sich zunächst aus:

1 m/s – 1m/s = 0 m/s. In 10 s werden 0 m zurückgelegt.

2 m/s + 1 m/s = 3 m/s. In 10 s werden 30 m zurückgelegt.

Die Schildkröte strengt sich zunächst an:

2 m/s – 1 m/s = 1 m/s. In 10 s werden 10 m zurückgelegt.

1 m/s + 1 m/s = 2 m/s. In 10 s werden 20 m zurückgelegt.

Die Abbildungen zeigen, dass es gleichgültig ist, in welcher Phase die Schildkröte welche Geschwindigkeit einsetzt – sie kommt im 20-Sekunden-Intervall einer hin- **und** rücklaufenden Welle immer 30 Meter weit ins offene Meer.

Wenn der Groschen fällt

In der ersten Woche nach meinem letzten Tag im Schuldienst räume ich mein Arbeitszimmer auf.

Dabei fallen mir das stillgelegte Sparbuch der „Kaffeerunde" und die Fotokopie einer Bareinzahlung über 64439,39 DM auf das Schulkonto in die Hände.

Ich lehne mich auf meinem Stuhl zurück und lasse meine Erinnerung in längst vergangene Zeiten schweifen.

Das Sparbuch

Die erste Einzahlung ist mit November 1991 datiert, obwohl schon davor im Kollegium Kaffee ausgiebig konsumiert wurde. Wie war es zu diesem Sparbuch gekommen?

Mein Mathematikkollege Michael und ich saßen während der großen Pause im Raucherzimmer, holten uns jeder einen Becher Kaffee und warfen auch fünfzig Pfennig in die dafür vorgesehene Blechdose.

Von diesem Geld kaufte der Orientierungsstufenleiter im Eine-Welt-Laden einen nur mäßig schmeckenden Hochland-Kaffee. Aber der tat uns jetzt in der Pause trotzdem richtig gut.

Die Maschine für zehn Tassen hatte auch schon bessere Zeiten gesehen. Sie brauchte für einen Durchgang so lange, dass der Kaffee schneller weggetrunken wurde, als sie ihn nachliefern konnte.

Michael zwinkerte mir zu und machte eine Kopfbewegung in Richtung Blechdose. Ich traute meinen Augen nicht.

Ein Kollege aus dem großen Lehrerzimmer rührte mit der Spitze seines Zeigefingers im Kleingeld, ohne eine Münze in die Dose zu werfen.

Dann verließ er den Tatort mit einer vollen Kaffeetasse nach nebenan und zog die Trenntür feste ins Schloss.

Noch immer erstaunt – aber nicht sprachlos – überschlugen wir gemeinsam die Bilanz von Ausgaben und Einnahmen des schuleigenen Selbstbedienungscafés.

Das hatte anscheinend noch niemand gemacht, hätte doch nach unserer Rechnung ein Riesenüberschuss übrig bleiben müssen.

Am nächsten Tag brachte ich auf einem Klemmbrett eine Liste mit, die die Überschrift „Pro Tasse einen Strich machen!" zierte. Darunter befanden sich drei Spalten für Name, Striche und Endbetrag.

Das Kollegium gehorchte. Den wenigen fragenden Blicken – es stand ja keine Blechdose mehr auf dem Tisch – begegneten wir mit einem gutgelaunten: „Nur einen Strich machen! Kassiert wird später!"

Michael erwies sich nach drei Wochen als der bessere Geldeintreiber von uns beiden. Seine Erscheinung strahlte einen solchen Aufforderungscharakter aus, dass ich ihn seit diesen Tagen gerne „Sheriff" nannte.

Noch von einigen Kolleginnen und Kollegen kritisch beäugt machte er seine Runde. Es gab auch welche, die unaufgefordert vorbeikamen und nachfragten, was sie zu zahlen hatten.

Die Überschlagsrechnung bewahrheitete sich: Es blieb ein dickes Plus übrig, obwohl wir noch Plätzchen und Schokolade besorgten und auf dem runden Tisch im Raucherzimmer kredenzten.

Das war der Anfang des Kaffee-Sparbuchs. In den Jahren darauf schafften wir eine Industriemaschine für neunzig Tassen an, wechselten die Sorte zu einer wirklich gut schmeckenden, bezahlten die Einrichtung einer ganzen Küchenzeile, organisierten Koch- und Reinigungsdienst und finanzierten Abschiedsgeschenke für die Kollegen, die pensioniert wurden – natürlich nur, wenn sie Kaffeetrinker waren.

Und trotzdem wuchs das Kapital auf über dreitausend Euro. Also senkten wir den Preis auf fünfzehn Cent pro Tasse und spendeten an gemeinnützige Einrichtungen.

Im großen Lehrerzimmer gab es zwischendurch Bestrebungen, dort den eigenen Kaffee zu kochen.

Doch diese Unternehmung verlief wegen mangelnder Disziplin auf Macher- und Nutznießerseite im Sand.

Wenn ich mich recht erinnere, war dies die Zeit, in der ich zum ersten Mal aus uns nicht gerade wohlgesonnenem Mund den Ausspruch „Die Mathe-Mafia" hörte.

Der Einzahlungsbeleg

Darauf ist der Spendenbetrag zu lesen, den die Schulgemeinschaft meines Gymnasiums in einem Sommer mit der Aktion „Groschenmarsch" für die Stiftung einer verstorbenen Mitschülerin zusammengetragen hatte.

Als Freund des Zählens und Listenführens meldete ich mich damals für die Planungsgruppe.

Das Grundkonzept sah vor, dass sich jeder Schüler Paten suchte, die ihm pro Kilometer gewanderten Weges einen Mindestbetrag von zehn Pfennig spendeten.

Ich übernahm den Entwurf und das Drucken der Patenkarten, die dazu dienten, die Spender zu registrieren und die erzielten Beträge abzurechnen.

Wanderstrecke, Streckenposten, Sanitätsversorgung, Verpflegungspunkte, behördliche Genehmigungen etc. erledigten die anderen Mitglieder des Planungsteams.

Am Morgen des Veranstaltungstages machte auch ich mich mit meiner Klasse auf den Weg der festgelegten Rundstrecke.

Was für ein Anblick bot sich meinen Augen, als wir auf das offene Feld am Stadtrand gelangten! Wie an einer Perlenkette aufgezogen füllten die Wanderer das gesamte Gelände aus.

Doch das konnte die Einsatzbereitschaft der Schüler kaum trüben. Viele legten sogar zwei Runden zurück, um eine größere Summe zu erlaufen.

Am Tag darauf wurde das Geld zusammengetragen. Die Klassenlehrer, die anhand der Patenkarten mit ihren Schülern abrechneten, gaben an drei von mir eingerichteten Sammelstellen die Spenden ab.

Teilbeträge von 332 DM bis gut 4500 DM wurden pro Gruppe abgeliefert, nachgezählt, in Scheinen gebündelt und in Münzen gestapelt.

An den unterschiedlichen Gesichtsausdrücken der Kollegen konnte ich ihr eigenes Engagement – einschließlich der Höhe des gespendeten Geldbetrages – ablesen.

Wieso sollten sich auch in dieser Beziehung die Schüler groß von ihrem Lehrer unterscheiden? Die Vorbildfunktion ließ grüßen.

Endlich wurde alles zusammengerechnet, dann kontrolliert und schließlich die Kontrolle kontrolliert.

Begleitet vom Gefühl Hoffentlich-kein-Überfall schleppte ich mit einem Kollegen 64439,39 DM zur Bank – in vielen Scheinen und noch mehr Münzen, die notdürftig in zwei Pappkartons verpackt waren und richtig viel wogen.

Die Fotokopie der Bankeinzahlung, die mir der stellvertretende Schulleiter mit dem schriftlichen Vermerk „Vielen Dank für Ihren tollen Einsatz!" damals ins Fach legte, kommt beim Aufräumen meines Arbeitszimmers nicht in den Schredder. Sie wandert in die Kiste „Schulerinnerungen".

Klärendes Nachwort

Das Sparbuch

Ein Pfund Kaffee ergibt zirka 90 Tassen – mal damals 50 Pfennig machte das 45 Mark. Der Eine-Welt-Kaffee kostete zirka 10 Mark.

Damit war vor der neuen Abrechnungsmethode und der Einführung des Sparbuches ein Betrag von 35 Mark pro Pfund der zweifelhaften Zahlungsmoral seitens der Kaffeetrinker im Kollegium zum Opfer gefallen.

So erklärt es sich auch, dass das Sparbuch nach der Umstellung auf das Eintreiben des Geldes mittels Strichliste regelmäßig gefüttert werden konnte.

Der Einzahlungsbeleg

Für den „Groschenmarsch" wurde eine 10 km lange Rundstrecke ausgewählt. Sie führte von der Schule schnell aus der Stadt heraus, bergauf über eine offene Feld- und Wiesenlandschaft, dann hinunter zum Rhein und längs des Flusses zum Schulgebäude zurück.

Am Tag der Aktion machten sich ab acht Uhr gut 1000 Schüler nacheinander auf den Weg.

Niemand aus der Planungsgruppe hatte sich vorher aber Gedanken über die folgende Rechnung gemacht: 10 km : 1000 = 10000 m : 1000 = 10 m.

So ließ im Nachhinein der durchschnittliche Abstand von 10 Metern zwischen zwei Wanderern nicht anderes als das Bild an einer Schnur aufgereihter Perlen erwarten.

Dass fast 65000 DM zusammenkamen, grenzt schon an ein Wunder!

Hätte jeder Schüler über nur einen einzigen Paten verfügt, welcher auch bloß den Mindestbetrag von 10 Pf = 0,10 DM pro Kilometer zugesagt hätte, dann wäre die für jeden Wanderer durchschnittlich zurückzulegende Strecke 650 Kilometer (!) lang gewesen: $1000 \cdot 0,10 \text{ DM} \cdot 650 = 65000 \text{ DM}$.

Die Berechnung mit mehreren Paten und einem größeren Spendenbetrag pro Kilometer bei durchschnittlich 1,5 Runden – also 15 Kilometern – für jeden Schüler sei dem geneigten Leser überlassen.

Ein mögliches Ergebnis ist z.B.: 8 bis 9 Paten mit versprochenen 0,50 DM pro Kilometer.

Aspekt Bildung

An einem Abend im September 2017 saß ich am Laptop und notierte mir Stichworte zu dem vorliegenden Buch. Im Hintergrund lief im ZDF die Sendung „aspekte". Ich achtete nicht groß auf die Beiträge – war ich doch in mein Tun vertieft.

Als ich mir etwas zu trinken holte, warf ich einen Blick auf den Bildschirm und registrierte dort eine Gesprächsrunde, die vor einer Leinwand saß, auf der eine Schultafel abgebildet war.

Das Bild interessierte mich. Ich setzte mich vor den Fernseher auf die Couch und erfuhr, dass es sich um eine Schwerpunktsendung mit den Themen Bildung, Lernen und Schule handelte.

Die fünf Diskussionsteilnehmer ergossen sich in hochtrabenden Worten über das, was mir im Beruf tagtäglich begegnet war.

Ich hörte gar nicht weiter zu, aber das wohl als Dekoration gedachte Tafelbild im Hintergrund hatte es in sich.

Ich sprang auf, holte meine Digitalkamera und hielt fest, was sich so gar nicht mit dem Begriff „Bildung" vereinbaren lässt:

$$(a \cdot b)(a-b) = a^2 + b^2$$

Da stand sie – weiß auf schwarz – eine total falsche Rechnung aus der Algebra.

Ich setzte mich wieder an meinen Laptop und tippte die Stichworte „aspekte am 8.9.2017" und „Tafelbild contra Bildung" in die Tastatur.

Klärendes Nachwort

Es mag kleinlich erscheinen, dass ich mich bei der in Teilen vielleicht sogar interessanten Sendung auf die Studiodekoration konzentrierte.

Aber es spricht nicht für die Professionalität der Redaktion, wenn sie ausgerechnet beim Schwerpunktthema „Bildung" sich diesen Fauxpas leistet:

$(a{\cdot}b)(a - b)$ ergibt *nicht* $\mathbf{a^2 + b^2}$, sondern $\mathbf{a^2{\cdot}b - a{\cdot}b^2}$!

Der Posaunist

In meiner ersten mündlichen Abiturprüfung als Lehrer war ein weißer Kreidestrich im wahrsten Sinne des Wortes schicksalhaft für den Betroffenen. Wäre ihr Ausgang für ihn nicht so niederschmetternd gewesen, könnte man das Geschehene sogar noch lustig nennen.

Achim hat im schriftlichen Teil des Mathematikabiturs versagt und benötigt nun noch Punkte in der mündlichen Zusatzprüfung.

Er kann zwar im Schulorchester sehr gut Posaune spielen, gehört aber wirklich zu den mathematischen Nichtschwimmern.

Daher habe ich – ob meiner ersten Prüfung selbst nicht der Unaufgeregteste – für ihn besonders einfache Aufgabenstellungen gewählt.

Aber Achim stammelt nur in fehlerhaften Halbsätzen, findet keinen Ansatz und verrechnet sich laufend, nachdem ich diesen vorgegeben habe.

Ich bin mindestens so verzweifelt wie der Prüfling selbst, weil er sogar beim Senkrechtstehen zweier Geraden in der Vektorgeometrie versagt.

Als er bei der Hilfsfrage „Was heißt eigentlich senkrecht?" den Ton vollends abschaltet, hält es mich nicht mehr auf dem mir zugewiesenen Platz des Prüfers.

Ich stürme an die Tafel und skizziere mit einem unschuldigen Stück weißer Kreide ein Handtuch und eine Sonne, der ich die Eigenschaft „glühend heiß" verleihe. Das Meeresufer lasse ich als gerade Linie schräg zu den Tafelrändern verlaufen.

Der Prüfungsausschuss verharrt im Zustand von peinlich berührt bis belustigt, als ich Achim auffordere, den Weg einzuzeichnen, um bei diesem heißen Wetter möglichst schnell vom Handtuch ins kühle Wasser zu gelangen.

Achim zögert. Der Blick eines Häufleins mathematischen Elends ist auf die Zuschauer gerichtet.

Dann – ganz langsam, fast zitternd – zieht seine Hand einen Kreidestrich zwar senkrecht zum rechten Tafelrand, aber dafür total schräg zum Meeresufer.

Sollte der Leser sich dies nun nicht vorstellen können, dann möge ihn das damals nur schlecht unterdrückte Gelächter der Anwesenden treffen, von dem ich heute nicht mehr weiß, ob es mir oder mehr dem armen Achim galt. Der konnte ja wenigstens gut auf der Posaune spielen.

Klärendes Nachwort

Die zueinander senkrechte oder orthogonale Lage zweier Geraden wird nach dem rheinland-pfälzischen Lehrplan im Mathematikunterricht der fünften Klasse behandelt.

Dabei gerät mancher Schüler zunächst in Schwierigkeiten, weil er aus seiner Alltagserfahrung heraus die Begriffe senkrecht und waagrecht auf den Erdboden bezieht.

Es bedarf der Kunst des Lehrers, den Fokus auf die Beziehung *zwischen* zwei Geraden zu legen.

Eine Skizze des Tafelbildes aus der legendären Abiturprüfung soll dies verdeutlichen.

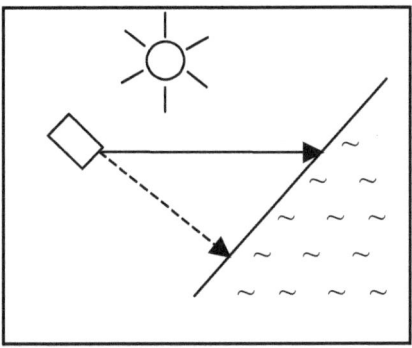

Natürlich ist die gestrichelte Linie die Lösung!

Großer Zensus in kleiner Wohnung

Im Mai 1987 konnte sie endlich stattfinden – die Volkszählung in der Bundesrepublik. Weil es sich um eine Totalerhebung handelte, schrieb man dem auch Zensus genannten Unterfangen das Attribut „groß" zu.

Groß waren auch die Proteste, die sich in 1100(!) Bürgerinitiativen bündelten und in Gewerkschaften und Parteien – vor allem bei den Grünen – zahlreiche Anhänger fanden.

Den unverblümten Boykottaufrufen seitens der Gegner zur „Flucht vor dem Erfassungsstaat" setzte die Regierung eine 46 Millionen DM teure Werbekampagne entgegen.

Die Helfer, welche Bögen mit 33 Fragen persönlich an die 25 Millionen Haushalte verteilen mussten, wurden aus dem Öffentlichen Dienst und der Beamtenschaft rekrutiert.

So war es kein Wunder, dass ich als junger Studienrat auf Lebenszeit zum Dienst am Vaterland auserkoren – man könnte auch sagen verpflichtet – wurde.

Ich musste zu einem Schulungsnachmittag erscheinen, auf dem unter anderem zu erfahren war, dass man den Befragten beim Ausfüllen der Zensusbögen bei Bedarf behilflich sein sollte.

Und ich hatte auf ein schnelles Austeilen gehofft.

Von wegen schnelles Austeilen! Was ich 1987 in einer Maiwoche erlebte, erforderte all meine Geduld. Mal war keiner zu Hause – mal öffnete man mir nicht die Tür, obwohl ich deutliche Geräusche hinter ihr vernahm.

In zwei Fällen wohnten die Personen erst gar nicht in dem Haushalt, in dem sie laut meiner Liste gemeldet waren.

War ich dann einmal erfolgreich im Antreffen eines Familienmitgliedes, begegnete man mir nicht selten mit Misstrauen und mancher scheute sich auch nicht, mich mit falschen Auskünften zu konfrontieren.

So verneinte ein Herr in ölverschmierter Arbeitskleidung, der in der Garage seines Reihenhauses an einer professionellen Hebebühne fachmännisch einen PKW reparierte, mürrisch bis erbost meine Frage nach einer Nebenerwerbstätigkeit.

Entsprechend erleichtert war ich mit dem letzten Fragebogenumschlag unterwegs und klingelte an der Tür eines alten Hauses.

Während ich darauf wartete, dass mir hoffentlich jemand öffnet, schaute ich mich um. Das Gebäude schien ein ehemaliges kleines Bauernhaus zu sein, das schon mal bessere Zeiten erlebt hatte.

Der Fassadenputz war abgebröckelt und die Rahmen der kleinen Fenster konnten sich nicht mehr an ihren letzten Anstrich erinnern.

Die Nebengebäude machten einen ebenso verwahrlosten Eindruck wie die Hoffläche, die offensichtlich seit Jahrzehnten als privates Sperrmülllager diente.

Ich wollte gerade ein zweites Mal auf den Klingelknopf drücken, als aus dem Innern das Geräusch langsam schlurfender Schritte an mein Ohr drang.

Die Tür öffnete sich einen Spalt. „Ja?" Die müden Augen einer alten, gebückten Frau schauten mir fragend entgegen.

Ehe ich mein Anliegen mit den inzwischen auswendig gelernten Worten vollständig abspulen konnte, wurde ich mit dem Hinweis „Das macht alles mein Sohn" ins Haus gebeten.

Es gab keine Diele – keinen Flur. Ich fand mich unmittelbar in einem großen Raum wieder, der die gesamte Länge des kleinen Gebäudes ausmachte.

Wohnzimmer, Esszimmer und Küche – alles in einem. So roch es auch. Anscheinend hatte man eine Zwischenwand des früheren Bauernhauses weggebrochen.

Die Frau wies wortlos auf die Couch an der Fensterseite, schlich mühevoll ein paar Schritte weiter und ließ sich stöhnend auf einen der alten Küchenstühle fallen.

Ihr Sohn saß vor dem Fernseher, in dem gerade ein Western lief. Er blies mir den Rauch seiner Zigarette entgegen, als er mich wahrnahm und mit einer lässigen Handbewegung andeutete, dass ich mich in den Sessel vor ihm setzen sollte.

„Guten Tag – ich komme zu Ihnen wegen der Volkszählung ...". „Ich weiß Bescheid", unterbrach mich mein Gegenüber. „Das bringen sie doch jeden Tag in der Glotze. Schieß los!"

Obwohl der massige Leib vor mir schwer atmete, steckte sich sein Besitzer eine neue Zigarette in den Mund.

Der Rauch vermischte sich mit dem Kochdunst, der aus einem großen Topf auf dem Küchenherd stieg, zu einer übelriechenden Wolke.

Ich beeilte mich die Fragebögen durchzugehen. Mein Gesprächspartner spielte mit, wenn auch äußerst langsam.

Doch lief er, als wir zu den Wohnungsangaben kamen, zur Höchstform auf. Die Antworten kamen wie aus der Pistole geschossen – bis zur siebten Frage: „Wie groß ist die Fläche der gesamten Wohnung?"

Dem Mann auf der Couch war sein Unbehagen anzumerken. Hinter seiner Stirn schien es genauso zu qualmen wie davor.

Er blickte längs der langen Wand von einer Raumecke zur anderen und wieder zurück. Weil er dies mehrmals hintereinander wiederholte, sah es wie ein bedächtiges Kopfschütteln aus.

Schließlich lehnte er sich zufrieden auf seinem Sitzplatz zurück und verkündete im Brustton vollster Überzeugung: „Acht Quadratmeter!"

Ich ließ mir meine Irritation nicht anmerken. Er konnte ja nicht sehen, was ich auf dem Fragebogen notierte.

Wir hatten gerade die letzten Angaben zur Person erledigt, als die Mutter verkündete: „Das Essen ist fertig."

„Und ich erst!", dachte ich mir und verabschiedete mich .

Klärendes Nachwort

Mit acht Quadratmetern hätte sich der große Zensus in einer wirklich winzigen Wohnung abgespielt.

Offensichtlich schätzte der Befragte per Augenmaß nur die Raumlänge ab, die ungefähr acht Meter betrug. Die Breite von etwa fünf Metern und das entsprechend große obere Stockwerk fehlten in seiner Betrachtung.

Kurz gesagt – er hatte weder einen Überblick noch wusste er, wie man eine Rechteckfläche berechnet.

Der kundige Leser weiß wohl nun, welche Zahl ich damals im Fragebogen notierte.

Das Erdgeschoss (8 m · 5 m) und ein gleichgroßes Obergeschoss ergeben eine Gesamtwohnfläche von achtzig Quadratmetern.

Unwahrscheinlich wahrscheinlich!

Ich spiele kein Lotto – und das nicht erst, seitdem ich die ultraminimale Chance für sechs Richtige berechnen kann.

Aber als am Jahresende 2017 in Rheinland-Pfalz die Sonderziehung „Neujahrs-Million" beworben wurde, verließ ich mit drei Losen zu je zehn Euro in Sachen Glücksspiel den Pfad der Tugend.

Neben dem Umstand, dass ich damit noch ein Weihnachtsgeschenk für meine erwachsenen Kinder – allesamt mit einem soliden mathematischen Talent ausgestattet – an Land gezogen hatte, reizte mich der Spielplan.

Aus 250 000 durchnummerierten Losen sollten eins mit 1 Million €, zwei mit 100 000 €, hundert mit 1000 € und tausend mit 50 € Gewinnsumme gezogen werden.

Das klang nicht nur besser als beim gewöhnlichen Lotto, sonders es war auch rechnerisch – was die Chancen anbetrifft – ein Sonderangebot seitens der Veranstalter.

Mit der Wahrscheinlichkeit von 1 zu 2500 einen Gewinn von tausend Euro einstecken zu können, erschien mir schon verlockend.

Natürlich habe ich mir die Losnummern kopiert. Die Kinder hätten ja im Silvestertrubel ihrer Wohnorte die kleinen Originalzettel verlieren können.

Außerdem freute ich mich darauf, am Neujahrstag selbst im Internet die Ziehungsergebnisse auf einen möglichen Treffer hin abzuklopfen.

Was ich dort dann las, sah schon etwas seltsam aus. Alle einhundert Losnummern aus der Gewinnklasse 1000 € endeten mit Ziffernfolge 972.

Auch wenn mir aus der Wahrscheinlichkeitsrechnung bekannt war, dass die Ziehung genauso gut die Zahlen 1, 2, 3 bis 100 oder 1, 2500, 5000, 7500 bis 250 000 mit gleicher Chance hätte liefern können, ahnte ich schon die Proteste, wie sie zwei Tage später in der Presse laut wurden:

„Fragwürdig", „Da scheint etwas nicht zustimmen" oder „Da ist nix zufällig gelost". So lauten die höflicheren der Kommentare der Tipper, die sich die Liste der 100 Gewinnnummern anschauen, die bei der Neujahrs-Lotterie 1000 Euro verheißen. Denn: Sie enden alle mit der Glückzahl 972 – „was nach dem Zufallsprinzip bei einer Chance von 1 zu 250.000 nicht sein kann", wie uns ein Leser schreibt.

Doch Lotto Rheinland-Pfalz versichert: „Es ist alles seriös gelaufen" – nach einem behördlich vom Finanz- und Innenministerium genehmigten System. „Es wurde ein so genanntes zweistufiges Ziehungsverfahren angewendet", erklärt Lotto-Sprecher Tobias Just.

Danach wurden „zunächst mit einem altbewährten und staatlich geprüften manuellen Ziehungsgerät je Gewinnklasse feste Endziffern ermittelt". In der Gewinnklasse 1000 Euro eben jene „972".

Danach setzten die Techniker den elektronischen Zufallsgenerator ein, der aus allen 250 Losen mit der

Endziffer 972 „die schlussendlichen Gewinnlose ermittelte".

*Und Just versichert: „Durch diese Mischform aus manueller und elektronischer Ziehung haben wir ein Höchstmaß an Manipulationssicherheit gewährleisten können. Alle Lose hatten bei der Ziehung die gleiche Chance." ***

* Rhein-Zeitung vom 3.1.2018; Autorin Ursula Samary

Es bleibt nachzutragen, das Lotto Rheinland-Pfalz zur nächsten Auflage der Neujahrs-Million die Ziehungssystematik auf den Prüfstand stellen will, um eine Verwirrung unter den Spielteilnehmern zu vermeiden.

Klärendes Nachwort

Dass das Verfahren der Lottogesellschaft wahrscheinlichkeitstheoretisch korrekt ist, soll an folgendem „einfachen" Beispiel verdeutlicht werden.

Wie groß ist die Wahrscheinlichkeit P, dass bei zwei aus den Nummern 00 bis 99 gezogenen Losen die Zahl 25 darunter ist?

Zur Information:

In den folgenden sogenannten Baumdiagrammen geben die Bruchzahlen an jedem Teilschritt die zugehörige Wahrscheinlichkeit an.

Zur weiteren Berechnung werden diese Werte längs der Pfade, die zum Ereignis „25" führen, multipliziert.

Durch die Addition der sich so ergebenden Pfad-wahrscheinlichkeiten erhält man dann das End-ergebnis für P("25").

1-stufiges Verfahren (vom Tipper erwartet):

Aus allen Losen werden *nacheinander* zwei gezogen.

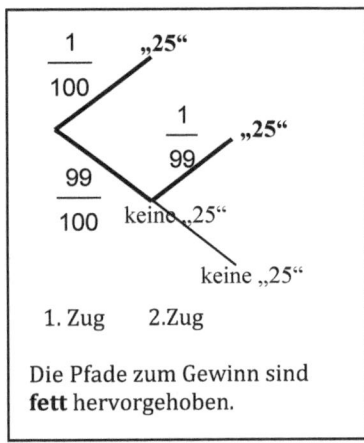

$$P("25") = \frac{1}{100} + \frac{99}{100} \cdot \frac{1}{99} = \frac{1}{100} + \frac{1}{100} = 0{,}02$$

2-stufiges Verfahren (von Lotto-RLP angewendet):

Zunächst wird aus den Ziffern 0 bis 9 durch *einmaliges* Ziehen die Einerstelle (hier 5) ermittelt. Damit sind nur noch die zehn Lose **05, 15, 25 ... 95** im Rennen. Danach werden aus den möglichen Zehnerziffern 0 bis 9 *nacheinander* zwei gezogen.

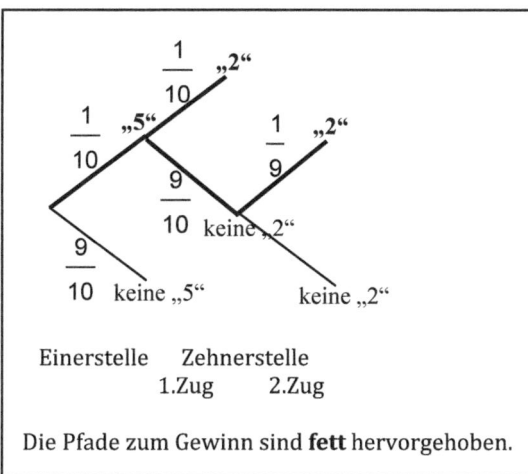

Die Pfade zum Gewinn sind **fett** hervorgehoben.

$$P("25") = \frac{1}{10} \cdot \frac{1}{10} + \frac{1}{10} \cdot \frac{9}{10} \cdot \frac{1}{9} = \frac{1}{100} + \frac{1}{100} = 0,02$$

Damit ist unabhängig vom Ziehungsverfahren die Chance gleich groß.

Dass Lotto Rheinland-Pfalz so oder so der Hauptgewinner ist, wird bei einer Gegenüberstellung von Loseinnahmen (2,5 Millionen Euro) und Gewinnausschüttung (1,35 Millionen Euro) deutlich – selbst wenn man für die Werbekampagne noch 50 000 Euro veranschlagt.

Zusammen oder getrennt?

Er war schon eine auffällige Erscheinung – jener Kellner, der mir an einem Sommerabend in einem italienischen Restaurant begegnete.

Heute steht für meine Frau und mich ein gemeinsames Abendessen mit Freunden auf dem Programm. Wir werden schon auf dem Parkplatz vor dem Lokal, in dem ich einen Tisch reserviert habe, erwartet.

Die Chefin hat uns wohl durch das große Fenster neben dem Eingang kommen gesehen. Jedenfalls öffnet sie persönlich die Tür, begrüßt mich lächelnd mit einem „Guten Abend, Herr Lücker!" und nickt dem Rest der Gruppe freundlich zu.

Wir haben kaum den Gastraum betreten, da schießt ein junger Mann heran, der mir vorher in diesem Restaurant noch nicht begegnet ist.

„Ein neuer Kellner", denke ich bei mir. Sowohl sein Tempo als auch seine Statur erinnern mich an Speedy Gonzales – die schnellste Maus von Mexiko. (Die jüngeren Leser müssen nun wohl Google befragen!?)

Er hilft galant den Damen aus den Jacken, geleitet uns zum reservierten Tisch und rückt – wiederum nur für den weiblichen Teil – die Stühle zurück.

Dann platziert er sich am Kopfende des Tisches, streicht mit der unnatürlich abgeknickten Hand mehrmals – fast theatralisch – durch sein kurzgeschnittenes Haar und wartet, bis wir alle Platz genommen haben.

Sein schlanker, kleingewachsener Körper steckt in einem hautengen weißen Hemd und einer ebenso knapp sitzenden schwarzen Hose. Den gleichfarbigen Ledergürtel, der seinen Träger so einschnürt, als zerfalle er jeden Moment in zwei Hälften, ziert eine überdimensionale kreisförmige Schnalle.

„Darf ich schon einmal die Getränke aufnehmen?" Wachen Auges sieht sich der Fragende in der Runde um.

Wir bestellen und ich blicke dem Kellner hinterher, der wie ein Eiskunstläufer in Richtung Theke gleitet. Sein hohlkreuztragender Rumpf bleibt kerzengerade, während sein Unterkörper mit kunstvollen Seitwärtsbewegungen Tische und Stühle geschickt umschifft.

„Hast du die Riesengürtelschnalle gesehen?", fragt mich mein Tischnachbar. „Die sieht aus wie eine Zielscheibe – einfach zum Schießen!"

Der vielsagende Blick seiner Frau lässt ihn augenblicklich verstummen.

Schon kommt der Ober zurück, das Gläsertablett balancierend und sechs Speisekarten unter den freien Arm geklemmt.

Konzentriert verteilt er personenrichtig die Getränke, legt für jeden eine braune Kunststoffmappe daneben und zelebriert vor uns mit tänzerischen Hüftschwüngen seinen Rückzug zur Theke.

Während wir noch die Auswahl an Vorspeisen, Pizzas, Fleisch- und Fischgerichten durchforsten, taucht die Gürtelschnalle zweimal auf. Ihr Träger gibt sich übermotiviert. „Haben Sie schon gewählt?

Und jedes Mal lässt unser Kopfschütteln in seinen Augen eine schlecht unterdrückte Ungeduld aufflammen, ehe er wieder verschwindet.

„Der Kleine nervt!", raunt die Männerstimme neben mir – so leise, dass ihr diesmal eine Maßregelung erspart bleibt.

Bei seinem dritten Erscheinen darf der Kellner endlich unsere Essenswünsche notieren. Er wiederholt dabei auf Italienisch jede Bestellung mit lauter und ganz wichtig klingender Stimme.

Es ist eine angenehme und anregende Unterhaltung, die wir mit unseren Freunden führen – haben wir uns doch lange nicht gesehen. Die Zeit vergeht wie im Flug, bis schließlich das Essen serviert wird.

Zwei junge Damen tragen leise und dezent die gefüllten Teller herbei und stellen sie vor die hungrigen Mägen. Und dann schmeckt es allen sehr gut.

„Ist alles in Ordnung?" Plötzlich steht der Eiskunstläufer wieder am Tisch.

„Mit mir schon!", scherzt mein Nachbar und fängt sich dafür den bösen Blick seiner Partnerin ein.

Er legt sein Besteck nieder und wartet, bis der Fragende wieder abgerückt ist. „Der eitle Gockel spielt sich doch als Oberkellner auf!", raunzt er seine Frau an. Für einen kurzen Augenblick ist es ganz still in der Runde.

Der restliche Abend verläuft dennoch harmonisch. Die Chefin selbst nimmt schließlich die Bestellung von Dessert, Digestif oder Espresso entgegen.

Es sind wieder die beiden weiblichen Servicekräfte, die aktiv werden und unserem Essen einen individuell wohltuenden Ausklang bescheren.

„Zahlen bitte!" In Absprache mit den Freunden kündige ich in Richtung Theke unseren Aufbruch an. Es ist auch schon spät und wir sind mittlerweile die letzten Gäste im Restaurant.

Die Gürtelschnalle rauscht heran. „Zusammen oder getrennt?" „Getrennt!" Meine Antwort entzieht dem Gesicht des kleinen Mannes das Blut und treibt die pure Panik in seine Augen.

Mit versteinerter Miene flieht er von unserem Tisch – noch schneller, als er ihn gerade aufgesucht hat.

„Nanu?" Ich schaue fragend in die Runde. „Du hast nichts falsch gemacht," tröstet mich der Freund an meiner Seite.

Kurz darauf erscheint die Chefin. Sie setzt sich zu uns, breitet einen ziemlich langen Kassenbon auf ihrem mit einer schwarzen Schürze bedeckten Oberschenkel aus und zückt Notizblock und Kugelschreiber.

„Mit wem darf ich anfangen?", fragt sie uns freundlich. Ich hebe die Hand. „Aber warum macht das nicht unser Kellner?"

Die Dame des Hauses schaut mich bedeutungsvoll an. „Ach, Herr Lücker, das muss ich immer selbst erledigen."

Sie weiß, dass ich Mathematiklehrer bin und erklärt weiter: „Unsere Angestellten verfallen immer wieder in Schnappatmung, wenn es an das getrennte Bezahlen geht."

Mein Tischnachbar kann nicht anders. Er muss wieder einen Spruch zum Besten geben. „Also schnallt der Mann mit der Schnalle nicht das Rechnen mit Papier und Bleistift." Die Chefin lächelt. „Das haben SIE gesagt!"

Darauf greift sie ihre Schreibutensilien, erfragt für jedes Ehepaar Getränke und Speisen, hakt diese auf dem Kassenbon ab und ermittelt den jeweiligen Rechnungsbetrag.

Wir zahlen – samt einem guten Trinkgeld – und brechen auf. Die Hausherrin begleitet uns zur Tür. „Vielen Dank. Ich wünsche Ihnen noch einen schönen Abend."

Ich blicke über meine Schulter zur Theke zurück. Dort wartet unser Tischkellner – auf was auch immer. Irgendwie tut er mir leid. „Auf Wiedersehen!"

Klärendes Nachwort

Die heutigen digitalen Möglichkeiten lassen die für meine Generation noch selbstverständlichen Grundfertigkeiten wie Schreiben und Rechnen zunehmend verkümmern.

Smartphones mit Rechtschreibe- und Taschenrechnerfunktion ersetzen das Wissen und Können im Umgang mit Sprache und Zahlen.

So ist es nicht verwunderlich, dass der von einer Computerkasse ausgespuckte Bon für Verkäufer und Kunden heutzutage das Nonplusultra bedeutet.

Dies ist in Hinsicht auf Rationalisierung, Zuverlässigkeit, Erleichterung, Zeitersparnis u.v.m. durchaus berechtigt und nachvollziehbar.

Doch kann eine Kasse auch mal ausfallen, ein Kellner das falsche Gericht eingeben, ein Sonderangebotspreis nicht im System aktualisiert sein, die Anzahl gleicher Artikel auf dem Kassenband zu groß oder zu klein gewählt werden oder die Wechselgeldfunktion versagen.

Dies alles ist mir schon passiert. Und oft genug kam dann der lateinische Begriff „Nonplusultra" mit seiner Übersetzung „Nicht mehr weiter" wortwörtlich zum Zug: Die Betroffenen auf der anderen Seite wussten nicht mehr weiter.

Zur Erklärung der schriftlichen Addition, die dem Kellner im Restaurant mangels Übung und Können wohl Schwierigkeiten bereitet hat, verweise ich die Leserinnen und Leser auf ihren Mathematikunterricht in der Grundschule und auf ihr – hoffentlich tägliches – Kopfrechnen.

Das Drittel

Mir sind in meinem Berufsleben Kolleginnen und Kollegen begegnet, die sich damit brüsteten, dass ihre Klassenarbeiten in der Regel schlecht ausfielen.

„Ich lege eben Wert auf ein gewisses Niveau", erklärte Frau X großtuerisch, während Herr Y polterte: „Man muss den Schülern gleich zeigen, wo der Hammer hängt."

„Erfüllt Ihr Unterricht denn selbst diesen Anspruch?" und „Meinen Sie, dass eine Leistungsüberprüfung zur Disziplinierung der Lerngruppe dienen soll?" sind Fragen, die sich beide gefallen lassen müssten.

Vor allem hatten diese Lehrkräfte regelmäßig mit den Folgen des sogenannten Drittelerlasses der rheinland-pfälzischen Schulordnung zu kämpfen. Dort heißt es im Paragraph 53 Absatz 5:

*„Die Fachlehrkraft führt mit den Schülerinnen und Schülern ein Gespräch, wenn **ein Drittel oder mehr** der Noten einer Klassen- oder Kursarbeit oder einer schriftlichen Überprüfung unter „ausreichend" liegt [...] Die Schulleiterin oder der Schulleiter entscheidet nach Anhören der Fachlehrkraft und der Sprecherin oder des Sprechers der Lerngruppe, ob der Leistungsnachweis wiederholt wird. Die Noten der Wiederholung sind maßgeblich."*

Neben den Befürchtungen, sich vor den Schülern rechtfertigen und die Arbeit womöglich noch einmal schreiben zu müssen, traten auch immer wieder Probleme rein mathematischer Art auf.

Mit dem Begriff „ein Drittel" war zunächst einmal Bruchrechnen gefragt. Damit hatten Kolleginnen und Kollegen, wenn sie nicht gerade Mathematik oder eine der Naturwissenschaften unterrichteten, häufiger ihre Schwierigkeiten.

Da meistens die Größe einer Lerngruppe nicht glatt durch drei teilbar ist, ließ der letzte Schulleiter meiner Dienstzeit das Formular, das mit jeder Klassenarbeit zur Kontrolle abzugeben war, um den folgenden Punkt erweitern:

Anteil der Arbeiten unter ausreichend (in Prozent)

Damit machte er sich keine Freunde unter den Nichtschwimmern in Sachen Prozentrechnung.

Eine Kollegin soll aus schierer Verzweiflung an die betreffende Stelle „8 Stück!" geschrieben haben.

Klärendes Nachwort

Mit der Angabe „8 Stück" konnte der Schulleiter nichts anfangen, sondern musste selbst zum Taschenrechner greifen.

Wie war nun zu entscheiden, wenn 8 von 25 Schülern eine Note unter ausreichend hatten?

Ein Drittel von 25 sind $\frac{25}{3} = 8\frac{1}{3}$. Aber was bedeutet

$\frac{1}{3}$ Schüler? Wird etwa das Ergebnis auf 8 abgerundet, womit dann der Drittelerlass greifen würde?

Nein – 8 ist kleiner als $8\frac{1}{3}$ und damit weniger als ein Drittel der Lerngruppe.

Zieht man die Prozentrechnung heran, folgt: $\frac{1}{3} = 0{,}333... = 33{,}3..\%$ und $\frac{8}{25} = 0{,}32 = 32\%$. Dies bestätigt die Entscheidung der reinen Bruchrechnung.

Der Paragraph aus der Schulordnung musste also nicht angewendet werden.

Spießbraten im Überfluss

Als in den neunziger Jahren des letzten Jahrhunderts mein vierzigster Geburtstag anstand, beschloss ich neben der Familie auch Freunde und Arbeitskollegen einzuladen. Die Anzahl der erwarteten Gäste machte einige logistische Vorbereitungen erforderlich.

Da unser Wohnzimmer deutlich zu klein für die Geburtstagsgesellschaft war, lieh ich mir von einem Freund ein großes Zelt, das er aus alten Bundeswehrbeständen preiswert erstanden hatte.

Der gemeinsame Aufbau schon eine Woche vor der Feier erwies sich als günstig – gestaltete er sich doch viel schwieriger, als ich es erwartet hatte.

Gewöhnliches Flaschenbier schien mir für den besonderen Anlass fehl am Platz.

Der Getränkehändler, bei dem ich deshalb Fassbier samt Zapfanlage orderte, lieferte Tische und Bänke für vierzig Personen gleich mit.

Meine Frau kümmerte sich um das Essen. Sie schlug vor – was Art und Menge des Fleisches anbetraf – den ortsansässigen Metzgermeister zu befragen.

So machten wir uns gemeinsam auf den Weg zu dem alten Anwesen, in dem das kleine Ladenlokal unmittelbar vor der deutlich riechbaren Wurstküche lag.

Als wir unser Anliegen gegenüber der Chefin vorbrachten, rief diese durch die angelehnte Tür hinter ihrer betonfesten Dauerwelle: „Gerd kommst du mal?" „Sofort!", schallte es in den Verkaufsraum.

Na ja – sofort war es nicht, bis die kräftige Gestalt des Metzgermeisters den Türrahmen zur Wurstküche fast komplett ausfüllte. „Was ist denn los?"

„Wir brauchen Ihren Rat." Meine Frau erläuterte ihre Gedanken zur Beköstigung der Geburtstagsgäste. Der Angesprochene trat näher.

„Wie wär 's mit Spießbraten? Der geht immer gut." Dabei stemmte er seine zu Fäusten geballten Pranken in die Hüften. „Den mache ich Ihnen zu einem Sonderpreis fix und fertig. Zwölf Mark das Kilo – einschließlich der Lieferung in Thermobehältern."

„Und wie viel veranschlagt man pro Person?", hakte meine Frau nach. „Wenn es hauptsächlich Erwachsene sind, dann rechnet man mit einem knappen Pfund für jeden."

Der Fachmann hatte uns überzeugt und wir bestellten vierzig Portionen.

Das Fest war ein voller Erfolg. Alleine die körperliche Anwesenheit der Gäste erwärmte das anfangs mir mit 15 Grad zu kühl erscheinende Zelt auf eine angenehme Temperatur.

Das Bier floss in Strömen und der heiß gelieferte Spießbraten schmeckte zu den vorbereiteten Salaten und Beilagen allen vorzüglich.

Die Gäste unterhielten sich so gut und so lange, dass an ein Aufräumen erst in den frühen Morgenstunden des nächsten Tages zu denken war.

Die Bierfässer waren nahezu geleert und die Speisen bis auf wenige Reste verzehrt.

Doch als es zu guter Letzt an das Spülen der Thermobehälter ging, entdeckten wir, dass zwei von ihnen noch bis zum Rand mit Spießbraten gefüllt waren.

Wir verstauten den Inhalt in die Tiefkühltruhe und fielen dann müde – aber zufrieden – ins Bett.

Zu Beginn der nächsten Woche lud ich nachmittags die gesäuberten Fleischbehälter ins Auto, steckte 250 DM ins Portemonnaie und fuhr zu Metzgerei.

Als ich einige Minuten später im Hof vor der Ladentür anhielt, kam gerade der Meister aus dem Kühlhaus im alten Nebengebäude.

„Gehen Sie ruhig schon mal rein. Das Geschäftliche regelt sowieso meine Frau. Ich lade in der Zwischenzeit die Thermotöpfe aus ihrem Wagen."

Die Chefin begrüßte mich mit einem Nicken und bediente in aller Ruhe die einzige anwesende Kundin fertig.

„Auf Wiedersehen und ein schönen Tag!" „Danke – gleichfalls." Die Dame verließ das Geschäft.

Die Metzgersfrau wischte sich die Hände an ihrer weißen Schürze ab, zog einen Zettel aus einer abgegriffenen braunen Lederkladde und legte ihn auf die Glastheke.

Ich las „32 kg Spießbraten 384 DM" und schluckte – hatte ich doch nicht genug Geld dabei. Schnell rechnete ich im Kopf nach: 32 mal 12 ergibt ... 384.

„Gut – dann gehe ich mal zur Bank." Meine Konfusion sollte die Frau hinter Theke mir nicht anmerken. „Ich bin in fünf Minuten zurück."

Ich hielt mein Versprechen und erledigte die Angelegenheit in kurzer Zeit. Schon auf dem Nachhauseweg schwante mir, was in Sachen Spießbraten schiefgelaufen war.

Die nächsten Wochen und Monate mangelte es uns beim Mittagessen jedenfalls nicht an Fleisch.

Klärendes Nachwort

Der Metzger hatte wohl wirklich 32 kg Spießbraten geliefert. Dafür spricht im Nachhinein, dass so viel davon übrig geblieben war. Aber seine Kalkulation war eine falsche.

Nimmt man für das vom ihm empfohlene „knappe Pfund" vierhundert Gramm bzw. 0,8 Pfund an, so ergibt sich bei vierzig Gästen die folgende Rechnung:

$400 \text{ g} \cdot 40 = 16000 \text{ g} = \mathbf{16 \text{ kg}}$ bzw.
$0,8 \text{ Pfund} \cdot 40 = \mathbf{32 \text{ Pfund}} = \mathbf{16 \text{ kg}}$

Also: $16 \text{ kg} \cdot 12 \dfrac{\text{DM}}{\text{kg}} = 192 \text{ DM}$

Folglich hatte ich eigentlich genug Geld eingesteckt, hätte der Fleischermeister die Einheit Pfund nicht mit Kilogramm verwechselt und damit die doppelte Menge veranschlagt.

Die unmögliche Zehn

In der Wochenendausgabe meiner Tageszeitung findet man eine Knobelaufgabe, mit der sich die grauen Zellen auf spielerische Art trainieren lassen.

Es geht darum, aus neun in einem Quadrat vorgegebenen Buchstaben verschiedene Worte zu bilden und nach den folgenden Regeln eine größtmögliche Punktzahl zu erreichen.

Ein Wort muss den in der Mitte hervorgehobenen Buchstaben enthalten und insgesamt mindestens vier Zeichen umfassen.

Die Punktzahl reicht dann von einem Punkt für vier, zwei Punkten für fünf usw. bis fünf Punkten für acht Buchstaben im Wort. Findet man aber einen Begriff mit allen neun Lettern, dann erhält man dafür zwanzig Punkte.

Der Leser möge sich im Tüfteln am abgebildeten Beispiel üben. Ab 150 Punkten hält die Gesamtwertung für ihn das Prädikat „hervorragend" bereit.

E	R	W
R	**G**	E
E	K	L

z.B. rege (1 P.), Kegel (2 P.), Gewerk (3 P.) usw.

Zum Jahresende 2017 kam wohl ein Redakteur der Zeitung auf die mir ziemlich überflüssig erscheinende Idee, das Wortspiel – samt Punkteverteilung – abzuändern.

Seitdem sind die Buchstaben unter der Überschrift „Wortpyramide" wie folgt angeordnet.

Die neue Spielwertung sei hier zitiert:

vier – und fünfbuchstabige Wörter: 1 Punkt
sechs- und siebenbuchstabige Wörter: 2 Punkte
achtbuchstabige Wörter: 5 Punkte
neunbuchstabiges Wort: 10 Punkte
Wörter, die den Buchstaben in der Pyramidenspitze enthalten, zählen doppelt.

Als ich dies zum ersten Mal las, stutzte ich und dachte: „Man sollte einen Leserbrief schreiben."
Warum wohl?

Klärendes Nachwort

Nein – es ist nicht die wirklich demotivierend kleine Punktzahl, die mich aufhorchen ließ. Auch die neue Anordnung der Buchstaben bedarf keiner besonderen Beachtung, da sie der Rätselaufgabe keinen inspirierenden Touch verleiht.

Es ist schlichtweg der Fehler in der Wertung für das neunbuchstabige Wort, der mich zum Schreiben dieser Episode bewegte.

Wenn ein Wort alle Buchstaben umfasst, ist auch der an der Pyramidenspitze hervorgehobene darin enthalten. Folglich muss die Punktzahl entsprechend auf zwanzig verdoppelt werden.

Die zitierte Zehn ist damit genauso unmöglich, wie man das geänderte Regelwerk im abgewandelten Sinne des Wortes nennen kann.

Apropos „REGELWERK" – das ist das **Zwanzig**-Punkte-Wort, das ich mir für das gewählte Beispiel einfallen ließ.

Übrigens habe ich bis heute – drei Monate später – noch nicht den Leserbrief an meine Tageszeitung geschrieben.

Was ist Watt?

Von wegen – es gibt keine Zweiklassenmedizin! Die Lasertherapie, die mein Orthopäde einer Sehnenentzündung in meinem rechten Fuß verordnete, hätte ich selbst bezahlen müssen, wäre ich nicht privat krankenversichert.

Auch die Terminvergabe für die zur Diagnose anberaumte MRT-Untersuchung spricht da Bände. Ich lag schon am Tag nach der ersten Untersuchung in der engen Röhre der Radiologie des städtischen Krankenhauses. Von einer solchen zeitnahen Versorgung kann jeder Kassenpatient nur träumen.

Aber diese Schieflage des bundesdeutschen Gesundheitssystems war nicht das Thema, das mich im Gespräch mit den beiden Arzthelferinnen während der ersten zwei Laserbehandlungen beschäftigte.

Was macht man, wenn man zehn Minuten lang Auge in Auge und auf Tuchfühlung einer Frau gegenübersitzt, die einem mit der Lasersonde über den Fuß streichelt?

Man startet eine unverfängliche Unterhaltung und hofft, dass die Zeit schnell vergeht. Ich jedenfalls tat dies.

Und da in beiden Fällen – erst eine ältere, erfahrene Fachkraft und dann eine noch sehr junge Auszubildende – die Situation und mein Gesprächspart annähernd die gleichen waren, soll das Erlebte parallel geschildert werden.

Ich sitze in der mir zugewiesenen Kabine, streife mir die Socke vom rechten Fuß und harre der Dinge, die da kommen.

An der Tür hängt eine Bildtafel, auf der ein Skelett zu sehen ist und die bedenklich hin und her schwingt, als die Arzthelferin eintritt.

Sie platziert sich vor mich auf einen Hocker, reicht mir eine Schutzbrille und setzt sich ihr eigenes Exemplar auf. Dann startet sie den Laser und hält die spitz auslaufende Sonde auf meinen nackten Fuß.

„Damit es Ihrem Fuß nicht zu heiß wird, wechsele ich alle fünf Sekunden die Stelle."	„Immer, wenn es Ihnen zu heiß wird, sagen Sie mir bitte ‚stopp'".

„Komisch – mal spüre ich es früher und mal viel später. Woran mag das liegen?"

„Die Sinneszellen für Wärme sind über die Haut verteilt. Ich treffe mal viele, mal wenige und manchmal keine."	„Das weiß ich nicht. Sie müssen einfach nur ‚stopp' sagen." „Klar – stopp!!!"

Irgendwie empfinde ich für diese Tätigkeit die Anwesenheit einer Fachkraft als überflüssig.

„Das können Sie mich eigentlich auch selbst machen lassen."

„Nein – ICH trage die Verantwortung." Die Dame vor mir lacht.

„Sie können ja die Sekunden mitzählen."

„Das darf ich nicht." Das Mädchen vor mir schüttelt den Kopf.

„Ich kriege sonst Ärger mit dem Chef."

Nach fünf Minuten erfolgt ein Wechsel in der Behandlung.

Die Arzthelferin tauscht die spitze Sonde gegen eine breitere aus und bedient an der Versorgungseinheit verschiedene Knöpfe.

Dann führt sie mit kreisenden Bewegungen den neuen Laserkopf langsam über meinen Fußrücken. Ich schaue auf das Display und lese: 7 W und 2000 J.

„Was bedeuten die eingestellten Zahlen?" Ich finde die Frage selbst nicht besonders spannend. Aber die erhoffte Antwort seitens der Handelnden könnte die Zeit etwas schneller verstreichen lassen.

„Das sind Watt und Joule. Je größer ich die Wattzahl stelle, desto schneller erreiche ich die 2000 Joule und Sie sind früher fertig."

„Willkommen im Club der Leute, die zwischen den Größen Leistung und Energie unterscheiden können."

„Nach der Vorschrift muss ich links 7 und rechts 2000 einstellen."

„Ich glaube, dass Sie damit zuerst die Leistung des Lasers wählen und dann die Energie, die er dem Fuß gönnen soll. Bei den angezeigten Werten wird das knapp fünf Minuten dauern."

Die Angesprochene schaut von ihrem Arbeitsfeld – meinem Fuß – auf.

„Sie sind etwa Lehrer?" Ich nicke mit einem Lächeln. „In welchen Fächern?" „Mathematik, Physik und Informatik."

„Informatik gab es bei mir noch nicht in der Schule. Aber Mathematik und Physik waren immer meine Lieblingsfächer."

„Das können Sie für Ihren Beruf ja auch gut gebrauchen."

„Oh Gott! In Mathe und Physik war ich immer schlecht."

„Aber brauchen Sie die Fächer nicht für Ihre Ausbildung?"

„Schon – in der Berufsschule läuft es ja nun auch einigermaßen."

Der Laser schaltet sich aus und zeigt mir damit das Ende der Behandlung an. Ich beeile mich mit dem Anziehen von Socke, Schuh und Jacke.

„Auf Wiedersehen und danke!" „Halt! Sie haben noch die Schutzbrille auf." Die Arzthelferin lacht mich an – vielleicht auch aus – und streckt mir ihre Hand entgegen.

Ich reiche ihr das Objekt meiner Vergesslichkeit und verlasse den Ort des Geschehens.

Klärendes Nachwort

Leistung ist in der Physik als Arbeit bzw. Energie pro Zeit definiert. Dies entspricht auch unserer Alltagserfahrung.

Wird in kurzer Zeit eine Arbeit verrichtet oder

Energie frei, dann spricht man gewöhnlich von einer großen Leistung.

Die zugehörige physikalische Formel lautet:

$$\text{power} = \frac{\text{work}}{\text{time}} = P = \frac{W}{t}\,; \ \text{Einheit}: \text{Watt} = \frac{\text{Joule}}{\text{Sekunde}}$$

So lässt sich für die Lasersitzung, deren erster Teil nach fünf Minuten erledigt war, die Dauer des zweiten Behandlungsschrittes berechnen.

Mit P = 7 Watt und W = 2000 Joule folgt für die Zeit t:

$$t = \frac{W}{P} = \frac{2000\,\text{Joule}}{7\,\text{Watt}} \approx 286\,\text{Sekunden} \approx 4{,}8\,\text{Minuten}$$

Damit waren ich und die jeweilige Arzthelferin insgesamt nur zehn Minuten einander ausgeliefert – was für beide Seiten gut zu ertragen war.

Herzdame

Eigenverantwortliches Arbeiten – so lautete das Thema eines Studientages, der Anfang des neuen Jahrtausends an meinem Gymnasium veranstaltet wurde.

Die Schule hatte schon eine geraume Zeit vorher in der Orientierungsstufe das sogenannte EVA-Projekt gestartet. Methodenlernen, Eigeninitiative, individuelle Aufgabenbearbeitung und Selbstkontrolle auf Schülerseite standen bei diesem Lehr- und Lernmodell im Vordergrund.

Unter dem Slogan „Moderator statt Dominator" wurde die Abkehr vom Frontalunterricht als notwendiger Wandel in der Lehrerrolle propagiert.

Weil einerseits im Kollegium echter Fortbildungswunsch bestand und andererseits die Zahl der Skeptiker nicht unerheblich war, wurde dieser Studientag anberaumt. Für die Leitung gewann man einen wahren Guru unter den damaligen Vorreitern des Methodenlernens.

Ich sitze in der Aula und lausche dem Impulsreferat des externen Dozenten. Das Kollegium ist bis auf die bekannten notorischen Schwänzer vollständig anwesend.

Der Vortragende kündigt am Ende seiner Ausführungen an, dass wir nun alle die Gelegenheit erhalten werden, in praktischen Übungen selbst Erfahrungen zu sammeln.

Hinter mir vernehme ich ein nervöses Hüsteln. „Hätte ich mich doch nur krankgemeldet!" Mein Blick über die Schulter fällt auf die Englischkollegin.

„Typisch!", denke ich mir. Die Rolle der Lernenden einzunehmen, gefällt der Oberstudienrätin überhaupt nicht. Sie wird wegen ihrer Strenge und Dominanz von den meisten Schülern gefürchtet und von manchen sogar gehasst.

Der Redner auf der Aulabühne hält zwei Stapel Spielkarten hoch. „Überlassen Sie niemals ihren Schülerinnen und Schülern selbst die Einteilung der Arbeitsgruppen. Es werden sich auf diese Weise immer homogene Einheiten bilden."

Er beginnt die Karten zu mischen. „Diesen Fehler werden wir nicht machen. Heterogenität ist hier gefragt – und die erreicht man sehr einfach nach dem Zufallsprinzip."

„Auch das noch!", zischt die Stimme hinter mir. Schon gehen zwei Helfer durch die Stuhlreihen und verteilen die Spielkarten an das Kollegium.

„Alle Könige des Skatblattes mit roter Rückseite bilden eine Gruppe", erläutert der Dozent. „Entsprechendes gilt für das blaue Kartenspiel und die anderen Möglichkeiten wie Asse, Zehner, Buben und so weiter."

Unter lautem Rufen rennen die Teilnehmer kreuz und quer durch den Saal. „Wer hat eine Sieben?" „Ich habe eine Kreuzsieben." „Ich auch." „Aber meine ist blau. Suche dir gefälligst die Siebener, die auf der Rückseite rot sind!"

Endlich kehrt wieder Ruhe ein. Die Teams haben sich gefunden und warten auf das Weitere.

Mit meiner Pikdame bin ich in einer Gruppe gelandet, in die es einen Freund aus der Mathematik, einen Musikkollegen und auch die Englischlehrerin aus der Reihe hinter mir verschlagen hat.

Sie fächelt sich mit ihrer Spielkarte Luft zu, doch die Röte will nicht aus ihren Wangen weichen.

„Nicht dass Sie denken, es würde an Ihnen liegen!" Die Karte fällt ihr bedeutungsschwer aus der Hand. „Mir ist nur viel zu heiß hier drinnen."

Während sie sich hastig nach der Herzdame auf dem Boden bückt, frage ich leise – aber anscheinend nicht leise genug – die beiden Männer neben mir: „Was will die Frau uns damit sagen?"

Der böse Blick der Oberstudienrätin, der wohl mir zugedacht ist, wandelt sich mit der nächsten Ankündigung des Tagungsleiters sekundenschnell in den Ausdruck purer Panik.

„Was kommt denn jetzt?" Eine Antwort erübrigt sich. Schon verteilen fleißige Helferhände Arbeitsblätter an die Gruppen, während die Stimme am Mikrofon weitere Erläuterungen gibt.

„Fühlen Sie sich ganz als Schüler und bearbeiten Sie unvoreingenommen die Aufträge und Aufgaben, auch wenn – oder gerade weil – diese sich nicht auf Ihr eigenes Fach beziehen."

Eine Spannung erfasst den gesamten Körper unserer Gruppenfrau. Die Hände verkrampfen und zerdrücken fast die Herzdamekarte.

Dazu vollführen die Füße schnelle Minischritte unkoordiniert in alle Himmelsrichtungen und die

Augen scheinen unter ständiger Bewegung des Kopfes einen imaginären Feind zu suchen.

„Das sind ja Mathematikaufgaben!" Die Arbeitsblätter, die wir schließlich in unseren Händen halten, geben der Herzdame den Rest.

„Das ist unfair!" Ihre Stimme überschlägt sich fast. „Sie sind Mathematiker und haben einen Vorteil." Mein Freund versucht sie zu beruhigen.

„Schauen Sie sich doch erst mal ..." „Ich habe genug gesehen." „Aber Frau ..." „Kein Aber! Ich kann das nicht. In Mathe war ich immer schlecht!" Dabei stampft sie wie ein trotziges Kind mit einem Fuß auf den Boden.

Kurzentschlossen greift die Verzweifelte ihre Schultasche und lässt uns stehen.

Wenige Augenblicke später erscheint am Ort des Geschehens die Deutschreferendarin der Schule und hält eine ramponierte Spielkarte hoch.

„Hallo – ich habe mit Ihrer Kollegin getauscht. Sie wollte lieber in eine Englischgruppe. Haben Sie etwas dagegen?"

Ein dreifaches synchrones Kopfschütteln heißt die neue Herzdame im Team willkommen.

Klärendes Nachwort

Was war denn nun an dem Arbeitsblatt so beängstigend für die Englischlehrerin? Es enthielt doch nur ein paar verständliche Fragen zur Flächenberechnung aus dem Mathematikunterricht der achten Klasse.

Vielleicht störte sich die Kollegin aber auch an der gewählten Methode, die den eigenverantwortlichen Aspekt betont.

Das folgende Beispiel steht stellvertretend für diesen Aufgabentyp, der den Lernenden, ohne größeres Vorwissen vorauszusetzen, selbsttätig Erkenntnisse gewinnen lassen soll.

*Ein Quadrat hat den Flächeninhalt A. Finde Strategien zur Bestimmung der Größe der schraffierten Fläche B. Ein Berechnung ist **nicht** gefragt. Notiere dir Stichworte und trage mit ihrer Hilfe deine Ideen den anderen Gruppenmitgliedern vor.*

a)   b)   c)

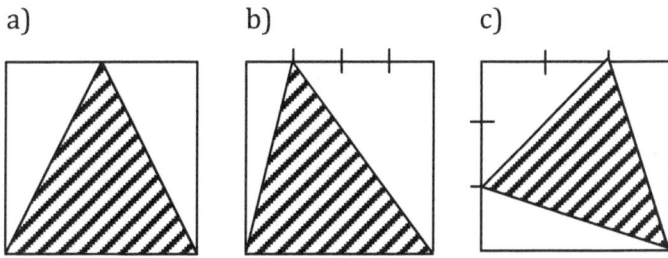

Hier seien nur die Ergebnisse angegeben:

a) $B = \frac{1}{2} A$ b) $B = \frac{1}{2} A$ c) $B = \frac{4}{9} A$

Mögliche Lösungswege befinden sich im Anhang auf Seite 111.

Anhang

Zu Seite 15
Mehrwertsteuer geschenkt!

Prozentrechnen ist wirklich nicht schwierig, wenn man sich von Dreisatzmethode oder Formel-Lernen früherer Tage verabschiedet und sich die folgenden Sachverhalte klarmacht:

1. Jeder Prozentsatz entspricht einem echten Bruch bzw. Dezimalbruch.

   z.B. $15\% = \dfrac{15}{100} = 0{,}15$

2. Zwischen Grundwert **G**, Prozentsatz **p** % und dem Prozentwert **W** gilt die einfache Multiplikationsbeziehung: $G \xrightarrow{\;\cdot\;p\;\%\;} W$.

Daran lassen sich die drei sogenannten Grundaufgaben ablesen:

a) $W = G \cdot p\,\%$ b) $G = W : p\,\%$ c) $p\,\% = W : G$

zu a)

$W = 15\%\text{ von }300\,\text{kg} = 300\,\text{kg} \cdot \dfrac{15}{100} = 3\ \text{kg} \cdot 15 = 45\,\text{kg}$

bzw. $W = 300\text{ kg} \cdot 0{,}15 = 45\text{ kg}$

zu b)

$G = 45\,\text{kg} : \dfrac{15}{100} = 45\,\text{kg} \cdot \underset{\substack{\text{gekürzt} \\ \text{mit }15}}{\dfrac{100}{15}} = 3\,\text{kg} \cdot 100 = 300\,\text{kg}$

bzw. $G = 45\text{ kg} : 0{,}15 = 4500\text{ kg} : 15 = 300\text{ kg}$

zu c)

$$p\% = 45\,kg : 300\,kg = \frac{45\,kg}{300\,kg} = \frac{15\,kg}{100\,kg} = 0,15 = 15\%$$

3. Die Berechnung des neuen Grundwertes aus dem ursprünglichen bzw. umgekehrt erfolgt durch:

$$G_{neu} = G_{alt} \cdot \left(1 + \frac{p}{100}\right) \text{ bzw.}$$

$$G_{alt} = G_{neu} : \left(1 + \frac{p}{100}\right)$$

z.B. G_{neu} = 300 kg · 1,15 = 345 kg bzw.
G_{alt} = 345 kg : 1,15 = 300 kg

Wird der Grundwert nicht um den Prozentsatz erhöht, sondern gesenkt, dann ist das Pluszeichen durch ein Minuszeichen zu ersetzen.

Zurück zum Möbelgeschäft:

Werden statt 500 € nur 420,17 € bezahlt, dann entspricht dies 420,17 : 500 = 0,8403 = 84,03 % vom Originalpreis, d.h. es wurde ein Rabatt von 15,97 % gewährt.

Die Mehrwertsteuer, die der Rechnungsbetrag 420,17 € beinhalten muss, ergibt sich entsprechend mit 420,17 € · 0,1597 zu 67,10 €.

Die Kugel fällt schon mal weg!

Zu Seite 19
Episode 1

Bei der Oberflächenbestimmung der Körper muss man für Zylinder und Pyramide zunächst noch mit Hilfe der sogenannten Extremwertrechnung aus den – bei gleichem Volumen – verschieden hohen und breiten Varianten diejenige ermitteln, deren Oberfläche einen minimalen Wert annimmt.

Dieser Exkurs in die höhere Mathematik soll den Leserinnen und Lesern erspart und deshalb das Ergebnis direkt angegeben werden.

Zylinder:
h (Höhe) = **d** (Durchmesser) = 2 · **r** (Radius)

quadratische Pyramide:
h (Höhe) = $\sqrt{2}$ · **a** (Quadratseitenlänge)

Berechnung der Oberfläche O
Für alle Körper beträgt das Volumen V = 1000 cm³.

Kugel mit dem Radius r

Aus $V = \dfrac{4}{3}\pi \cdot r^3$ folgt:

$$r = \sqrt[3]{\frac{3 \cdot V}{4\pi}} = \sqrt[3]{\frac{3000\,cm^3}{4\pi}} \underset{TR}{=} 6,20\,cm\,.$$

Für $O = 4\pi \cdot r^2$ ergibt sich:

$$O_{Kugel} = 4\pi \cdot 6,20^2\,cm^2 \underset{TR}{\approx} 483\,cm^2\,.$$

Zylinder mit der Höhe h = 2 · r

Aus $V = \pi \cdot r^2 \cdot h = \pi \cdot 2 \cdot r^3$ folgt:

$$r = \sqrt[3]{\frac{V}{2\pi}} = \sqrt[3]{\frac{1000\,cm^3}{2\pi}} \underset{TR}{=} 5{,}42\,cm\,.$$

Für $O = 2\pi \cdot r^2 + 2\pi \cdot r \cdot h = 2\pi \cdot r^2 + 4\pi \cdot r^2 = 6\pi \cdot r^2$

ergibt sich: $\underline{\underline{O_{Zylinder}}} = 6\pi \cdot 5{,}42^2\,cm^2 \underset{TR}{\approx} \underline{\underline{554\,cm^2}}\,.$

Würfel mit der Kantenlänge a

Aus $V = a^3$ folgt: $a = \sqrt[3]{1000\,cm^3} = 10\,cm\,.$

Für $O = 6 \cdot a^2$ ergibt sich:

$\underline{\underline{O_{Würfel}}} = 6 \cdot 10^2\,cm^2 = \underline{\underline{600\,cm^2}}\,.$

Quadratische Pyramide mit der Höhe h = $\sqrt{2}$ · a

Aus $V = \frac{1}{3}a^2 \cdot h = \frac{1}{3} \cdot \sqrt{2} \cdot a^3$ folgt:

$$a = \sqrt[3]{\frac{3 \cdot V}{\sqrt{2}}} = \sqrt[3]{\frac{3000\,cm^3}{\sqrt{2}}} \underset{TR}{=} 12{,}85\,cm\,.$$

Für

$O = a^2 + 2 \cdot a \cdot \sqrt{h^2 + \frac{a^2}{4}} = a^2 + 2 \cdot a \cdot \sqrt{2 \cdot a^2 + \frac{a^2}{4}} =$

$a^2 + 2 \cdot a \cdot 1{,}5 \cdot a = 4 \cdot a^2$

ergibt sich: $\underline{\underline{O_{Pyramide}}} = 4 \cdot 12{,}85^2\,cm^2 \underset{TR}{\approx} \underline{\underline{660\,cm^2}}\,.$

Zu Seite 22
Episode 2

Im Umgang mit Geschwindigkeitsangaben stellt für manchen die Verwendung der unterschiedlichen Einheiten km/h und m/s bereits ein Problem dar.
Die Umrechnung ist in der folgenden Darstellung leicht ablesbar: $m/s \xrightarrow[:3,6]{\cdot 3,6} km/h$.

Am Beispiel des 100-Meter-Sprinters, der für seine Strecke 10 Sekunden benötigt – also mit der (Durchschnitts)Geschwindigkeit 10 m/s = 36 km/h rennt, kann man sich diesen Sachverhalt leicht merken. Umgekehrt legt ein 108 km/h schnelles Auto immerhin schon 108 : 3,6 = 30 Meter pro Sekunde zurück.

Aber wie kommt man auf diese 3,6-Faustregel? Als Antwort dient die folgende Umwandlungskette:

$$X\frac{m}{s} = X \cdot \frac{\frac{1}{1000}km}{\frac{1}{3600}h} = X \cdot \frac{1}{1000} \cdot \frac{3600}{1}\frac{km}{h} = X \cdot 3,6\frac{km}{h}$$

Der Umgang mit den Größen Strecke s, Zeit t und Geschwindigkeit v sei dem interessierten Leser in der folgenden Beispielaufgabe aufgezeigt.

Aufgabe

Ein Radrennprofi schafft beim Zeitfahren eine Durchschnittsgeschwindigkeit von 54 km/h.

a) *Welche Strecke legt er in 1000 Sekunden zurück?*
b) *Welche Zeit benötigt er für die 72 km lange Gesamtstrecke?*

Lösung:

Zwischen den beteilten Größen gelten die Beziehungen: $v = \frac{s}{t} \Leftrightarrow s = v \cdot t \Leftrightarrow t = \frac{s}{v}$, die sich wechselseitig auseinander ergeben.

a) v = 54 km/h = 54 : 3,6 m/s = 15 m/s;
   s = v · t = 15m/s · 1000 s = 15000 m = 15 km

Der Zeitfahrer legt in 1000 Sekunden eine Strecke von 15 Kilometern zurück.

b) $t = \frac{s}{v} = \frac{72\,km}{54\,km/h} = \frac{72000\,m}{15\,m/s} = 4800\,s = 80\,min$

Für die gesamte Strecke benötigt er also 1 Stunde 20 Minuten.

Zu Seite 23
Episode 3

Für den Umfang eines Kreises mit dem Radius r gilt: U = 2π · r. Ersetzt man darin den Radius r durch den Durchmesser d = 2 · r, folgt U = π · d.

In der Aufgabe aus der Fernsehsendung ist der Umfang mit 3141,6 m gegeben. Somit folgt für den Durchmesser:

$d = \frac{U}{\pi} = \frac{3141,6\,m}{\pi} \approx 1000\,m = 1\,km$.

Es lohnt sich dabei aus der Schulzeit zu behalten, dass der Wert der Zahl Pi = π ungefähr 3,14 beträgt.

Zu Seite 27
Von der Rolle

Maße des Wohnzimmers:

4,20 m breit, 8 m lang und 2,50 m hoch mit:

zwei Raumtüren
(jeweils 0,90 m breit und 2 m hoch)

zwei Fenstern
(jeweils 1,60 m breit und 1,20 m hoch)

einer Terrassentür
(1 m breit und 2 m hoch)

zwei Heizkörpernischen
(jeweils 1,20 m breit und 0,60 m hoch).

Nach dem Rechenweg des Artikelschreibers folgt:

$2 \cdot (4,20 \text{ m} + 8 \text{ m}) \cdot 2,50 \text{ m} = 61 \text{ m}^2$
$61 \text{ m}^2 : 5 \text{ (m}^2!) = 12,2$

Damit sind 13 Rollen erforderlich.

Exakter Wert für die Fläche einer Tapetenrolle:

$10,05 \text{ m} \cdot 0,53 \text{ m} = 5,3265 \text{ m}^2$

Mit der bereinigten Rechnung folgt:

$61 \text{ m}^2 - (2 \cdot 0,9 \text{ m} \cdot 2 \text{ m} + 2 \cdot 1,6 \text{ m} \cdot 1,2 \text{ m} + 1 \text{ m} \cdot 2 \text{ m} + 2 \cdot 1,2 \text{ m} \cdot 0,6 \text{ m}) = 61 \text{ m}^2 - 10,88 \text{ m}^2 = 50,12 \text{ m}^2$
$50,12 \text{ m}^2 : 5,3265 \text{ m}^2 = 9,4$

Damit wären nur 10 Rollen notwendig.

Zu Seite 29

„Pizza Wundaba"

Den Flächeninhalt A eines Kreises mit dem Durchmesser d bzw. Radius r berechnet man mit der Formel: $A = \pi \cdot \left(\dfrac{d}{2}\right)^2 = \pi \cdot r^2$.

Damit folgt für die kleine Pizza (d = 26 cm):

$A_{klein} = \pi \cdot (13\,cm)^2 = 530{,}9\,cm^2$

und für die große (d = 43 cm):

$A_{groß} = \pi \cdot (21{,}5\ cm)^2 = 1452{,}2\ cm^2$.

Der zu kalkulierende Preis P der großen Pizza ergibt sich dann aus der kleinen (3,70 €) mit:

$$P = \frac{1452{,}2\ cm^2}{530{,}9\ cm^2} \cdot 3{,}70\ € = 10{,}12\ €.$$

Mit dem auf der Speisekarte ausgewiesenen Betrag von 8,00 € befindet sich der Restaurantbetreiber auf einem wirtschaftlich wenig erfolgreichen Weg.

Lösung der Denksportaufgabe:

Die gemusterte Fläche ist in allen Abbildungen gleichgroß.

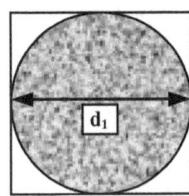 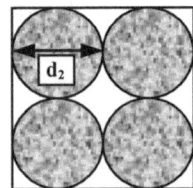 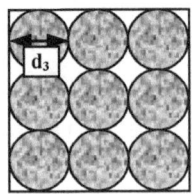

Da $d_2 = \frac{1}{2} \cdot d_1$ bzw. $r_2 = \frac{1}{2} \cdot r_1$ gilt, folgt:

$$\underline{\underline{A_2}} = 4 \cdot \pi \cdot (r_2)^2 = 4 \cdot \pi \cdot \left(\frac{r_1}{2}\right)^2 = 4 \cdot \pi \cdot \frac{r_1^2}{4} = \pi \cdot r_1^2$$

$$= \underline{\underline{A_1}}$$

Entsprechend folgt mit $d_3 = \frac{1}{3} \cdot d_1$ bzw. $r_3 = \frac{1}{3} \cdot r_1$:

$$\underline{\underline{A_3}} = 9 \cdot \pi \cdot (r_3)^2 = 9 \cdot \pi \cdot \left(\frac{r_1}{3}\right)^2 = 9 \cdot \pi \cdot \frac{r_1^2}{9} = \pi \cdot r_1^2$$

$$= \underline{\underline{A_1}}$$

Wem dies zu formellastig erscheint, mag sich mit einer sprachlichen Begründung zufrieden geben:

Da die Fläche A_2 vier Kreise umfasst, von denen jeder nur ein Viertel der Kreisfläche A_1 hat, ist A_2 so groß wie A_1. Entsprechendes gilt mit nur einem Neuntel von A_1 für jeden der neun Kreise der Fläche A_3.

zu Seite 41

Literarischer Schwimmunterricht

In der nachstehenden Abbildung ist die Flussüberquerung einer Fähre dargestellt.

Das Schiff, welches auf ruhendem Gewässer eine Geschwindigkeit von 7 m/s schafft, muss seinen Kurs unter einem bestimmten Winkel α gegen die Geradeausrichtung wählen.

So gleicht es ein Abtreiben mit der Flussgeschwindigkeit 2 m/s aus und erreicht auf kürzestem Weg die genau gegenüberliegende Stelle am anderen Ufer.

Dabei überlagern sich die Geschwindigkeiten nach den Gesetzen der Vektoraddition.

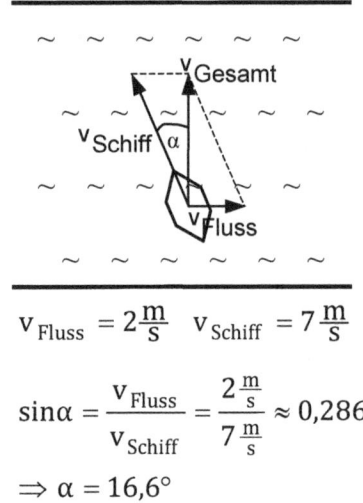

$$v_{Fluss} = 2\frac{m}{s} \quad v_{Schiff} = 7\frac{m}{s}$$

$$\sin\alpha = \frac{v_{Fluss}}{v_{Schiff}} = \frac{2\frac{m}{s}}{7\frac{m}{s}} \approx 0{,}286$$

$$\Rightarrow \alpha = 16{,}6°$$

Wenn der Kapitän sein Schiff unter diesem Winkel steuert, fährt er geradeaus zum anderen Ufer.

Herzdame

a)

b)

c)

 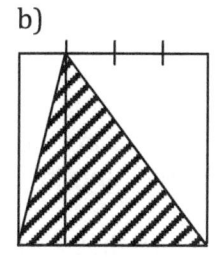 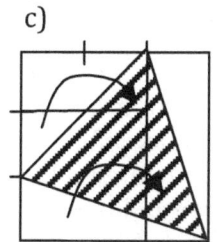

a) Die beiden weißen Dreiecke entsprechen der schraffierten Fläche, wenn man diese in der Mitte teilt.

Es folgt: $B = \frac{1}{2} A$.

b) Die beiden weißen Dreiecke entsprechen der schraffierten Fläche, wenn man diese an der Spitze teilt.

Es folgt: $B = \frac{1}{2} A$.

c) Die beiden weißen Dreiecke unten und rechts entsprechen zusammen einem Drittel der Quadratfläche A. Die Fläche des weißen Dreieckes links beträgt $\frac{2}{9}$ von A.

Es folgt: $B = A - \left(\frac{1}{3} + \frac{2}{9}\right)A = A - \left(\frac{3}{9} + \frac{2}{9}\right)A = \frac{4}{9} A$.

Über tredition

tredition®

www.tredition.de

Der tredition Verlag wurde 2006 in Hamburg gegründet. Seitdem hat tredition Hunderte von Büchern veröffentlicht. Autoren können in wenigen leichten Schritten print-Books, e-Books und audio-Books publizieren. Der Verlag hat das Ziel, die beste und fairste Veröffentlichungsmöglichkeit für Autoren zu bieten.

tredition wurde mit der Erkenntnis gegründet, dass nur etwa jedes 200. bei Verlagen eingereichte Manuskript veröffentlicht wird. Dabei hat jedes Buch seinen Markt, also seine Leser. tredition sorgt dafür, dass für jedes Buch die Leserschaft auch erreicht wird.

Autoren können das einzigartige Literatur-Netzwerk von tredition nutzen. Hier bieten zahlreiche Literatur-Partner (das sind Lektoren, Übersetzer, Hörbuchsprecher und Illustratoren) ihre Dienstleistung an, um Manuskripte zu verbessern oder die Vielfalt zu erhöhen. Autoren vereinbaren unabhängig von tredition mit Literatur-Partnern die Konditionen ihrer Zusammenarbeit und können gemeinsam am Erfolg des Buches partizipieren.

Das gesamte Verlagsprogramm von tredition ist bei allen stationären Buchhandlungen und Online-Buchhändlern wie z. B. Amazon erhältlich. e-Books stehen bei den führenden Online-Portalen (z. B. iBookstore von Apple) zum Verkauf.

Seit 2009 bietet tredition sein Verlagskonzept auch als sogenanntes "White-Label" an. Das bedeutet, dass andere Personen oder Institutionen risikofrei und unkompliziert selbst zum Herausgeber von Büchern und Buchreihen unter eigener Marke werden können.

Mittlerweile zählen zahlreiche renommierte Unternehmen, Zeitschriften-, Zeitungs- und Buchverlage, Universitäten, Forschungseinrichtungen, Unternehmensberatungen zu den Kunden von tredition. Unter www.tredition-corporate.de bietet tredition vielfältige weitere Verlagsleistungen speziell für Geschäftskunden an.

tredition wurde mit mehreren Innovationspreisen ausgezeichnet, u. a. Webfuture Award und Innovationspreis der Buch-Digitale.

tredition ist Mitglied im Börsenverein des Deutschen Buchhandels.

Zeitfracht Medien GmbH
Ferdinand-Jühlke-Straße 7
99095 Erfurt, Deutschland
produktsicherheit@kolibri360.de